Überflieger

Herausgegeben von Christof Kehr

Wer neugierig ist auf andere Länder und ihre Menschen, der kommt um Sprachkenntnisse nicht herum. **Türkisch in letzter Minute** bietet den Einstieg für alle, denen ein ganzes Lehrbuch zu langwierig und ein herkömmlicher Sprachführer zu schematisch ist. Wer dieses Buch, nach Möglichkeit mit der dazugehörigen Cassette (rororo 9735), durcharbeitet, der erwirbt dank einer ausgefeilten Methode die Fähigkeit, sich in der Türkei und den türkischsprachigen Ländern zu verständigen. Informationen zum Alltagsleben und jede Menge praktischer Tips verkürzen den Weg zu der anderen Kultur. Das türkisch-deutsche Wörterbuch im Anhang hilft immer dann, wenn es Unverständliches zu entschlüsseln gilt.

Karl-Heinz Scheffler ist Sinologe, Reiseleiter und Schriftsteller.
Er pendelt seit Jahren zwischen Deutschland und der Türkei und hat bei Polyglott den Band «Türkei Land & Leute» veröffentlicht.

In der Serie **Überflieger** sind bislang erschienen: Hanne Schönig/Hatem Lahmar **Arabisch in letzter Minute** (9541/9542), Christof Kehr **Spanisch in letzter Minute** (9526/9527), Isabelle Jue/Nicole Zimmermann **Französisch in letzter Minute** (9628/9629), Frida Bordon/Giuseppe Siciliano **Italienisch in letzter Minute** (9626/9627), Iain Galbraith/Paul Krieger **Englisch in letzter Minute** (9630/9631) und Uwe Kreisel/ Pamela Ann Tabbert **American Slang in letzter Minute** (9623/9624).

Originalausgabe
Veröffentlicht im Rowohlt Taschenbuch Verlag GmbH, Reinbek bei Hamburg, September 1994

Umschlaggestaltung **Susanne Müller**
Grafik-Konzept **Alexander Urban**
Layout **Sanat LaRoche**
Satz **Frutiger und Adobe Garamond, PostScript Linotype Library, QuarkXpress 3.2 (Dolev 800)**
Druck und Bindung **Clausen & Bosse, Leck**
Printed in Germany
1290-ISBN 3 499 19688 3

Karl-Heinz Scheffler

Türkisch

in letzter Minute

ÜBERFLIEGER

Ein Sprachführer für Kurzentschlossene

Rowohlt

Inhalt

Vorwort

Sprachforscher schätzen, daß es auf der Erde über 4000 eigenständige Sprachen gibt. Wer mehr als drei Fremdsprachen kann, der wird landläufig bewundert. Wer sich gar in mehr als zehn Fremdsprachen auszudrücken versteht, wird als Genie gehandelt. «Dem fliegt das halt zu» ist die gängige Erklärung. Doch Sprachen zu lernen ist – außer für Kinder – auch mit Arbeit verbunden. Wir glauben nicht an Zauberei beim Sprachenlernen – es sei denn, einer schnappt leicht auf und kann das Aufgeschnappte zuverlässig speichern. Der große Rest kommt um ein mehr oder minder intensives Training nicht herum.

Die **Überflieger**-Bände bieten einen schnellen ersten Zugang zu anderen Sprachen. Sie vermitteln das Allerwichtigste – das, was jeder in den ersten Tagen und Wochen sagen und verstehen muß, wenn er sich nicht stumm, taub und verunsichert durch das fremde Land bewegen möchte. Sie schleifen das notwendigste Wissen mit einer ausgefeilten Methode ein. Denn es genügt nicht, wie dies die Mehrzahl der Sprachführer tut, fertige Sätze und Wortlisten zu servieren. Die meisten Lernwilligen fühlen sich da zu Recht im Stich gelassen. Der Stoff muß gekaut und verdaut werden. Wer eine andere Sprache lernt, dem muß ein neues Wort etwa dreizehnmal begegnen, bis es in seinen aktiven Wortschatz eingeht. Den Weg dahin wollen wir für den Anfang verkürzen.

Türkisch in letzter Minute bringt Ihnen rund 300 Wörter und Wendungen bei. Es stellt sie in einen Zusammenhang, sorgt durch wiederholtes Üben dafür, daß sie sich einprägen, und gibt darüber hinaus noch nützliche Informationen und kulturelle Tips für den Aufenthalt in der Türkei.

Damit keine falschen Erwartungen aufkommen: Eine richtige Zeitung zu lesen oder sich über die gesellschaftliche Rollenverteilung von Mann und Frau im Islam zu unterhalten erfordert ein Sprachvermögen, das sich erst in Monaten oder Jahren einstellt.

Schlagen Sie die erste Lektion auf, schieben Sie, wenn möglich, die Cassette zum Buch ein, und legen Sie los. Scheuen Sie sich nicht, den Stoff dreimal oder viermal zu wiederholen. Und trauen Sie sich, die Aussprache etwas zu übertreiben – das hilft bestimmt.

Wenn Sie in der Türkei aus dem Auto, Zug oder Flugzeug steigen, werden Sie anfangen zu verstehen und bald auch selbst verstanden werden. Viel Spaß dabei!

Christof Kehr

Gebrauchsanweisung

Vorab

Mit diesem Buch lernen Sie rund 300 Wörter und Wendungen, die in verschiedene Themen gepackt sind. Jedes Thema besteht aus drei Lektionen und einer Zusammenfassung zum Wiederholen und Vertiefen.

Blättern Sie das ganze Buch einmal durch, und machen Sie sich den Aufbau klar:

1. Hinweise zur Aussprache
2. Fünf Themen mit fünfzehn Lektionen
3. Lösungen der Übungen und Tests
4. Kurzgrammatik
5. Wörterbuch türkisch-deutsch

Die Bedeutung der Zeichen

(1)-(15) Diese Zahlen stehen für die einzelnen Lektionen. Planen Sie für jede Lektion einen Tag. Nach ungefähr zwei Wochen sollten Sie also den wichtigsten Lernstoff des Buches durchgearbeitet haben. Selbst wenn Sie dann nicht alles aktiv beherrschen, werden Sie das meiste doch wiedererkennen und verstehen.

Nach drei Lektionen wird das neu Gelernte vertieft, ergänzt und abgefragt. Das (Z) steht für Zusammenfassung.

Lernen läuft nicht nur übers Lesen, sondern auch übers Hören. Was den einen Lerntyp vom anderen unterscheidet, ist die Gewichtung: mehr Lesen oder mehr Hören. Wir bieten beide Möglichkeiten, denn zum Buch gibt es die Cassette. So kann jeder selbst wählen, ob er Wörter und Dialoge zuerst liest oder hört. Als Hörverständnis-Training gibt es immer Übungen auch von der Cassette.
Wenn Sie keine Cassette zur Hand haben, dann treiben Sie einen Muttersprachler oder einen Sprachkundigen auf, der Ihnen ordentlich vorspricht.

In den Kästchen mit der Glühlampe finden Sie Mechanismen, nach denen bestimmte Elemente der Sprache (Verben, Mehrzahl, Artikel ...) funktionieren. Wir haben bewußt auf grammatikalischen Ballast verzichtet. Nicht, daß Grammatik überflüssig wäre: Wenn Erwachsene eine Fremdsprache lernen, dann hilft die Grammatik dabei, das System der anderen Sprache schneller zu begreifen. Sie sollen sich hier aber vor allem im Kommunizieren (sich mitteilen, verstehen, in einer bestimmten Situation etwas ausdrücken ...) üben. Wer tiefer in die Grammatik einsteigen möchte, der findet im Anhang eine Übersicht mit den wichtigsten Regeln.

Das Kästchen mit dem Koffer steht für «Kulturgepäck». Gemeint ist die Alltagskultur. Hier finden Sie hilfreiche Informationen für einen Aufenthalt in der Türkei und für den Zugang zu Land und Leuten.

Gebrauchsanweisung

Der Aufbau der Lektionen

Lesen

Am Anfang steht ein deutscher Text zum **Lesen** mit wissenswerten Informationen rund um das Thema.

Lernen

Unter **Lernen** folgen die bisher unbekannten Wörter mit ihrer Übersetzung. Hören Sie sich die Wörter nach Möglichkeit auf der Cassette an und sprechen Sie sie nach. Wiederholen Sie das ein paarmal, damit Sie sich die meisten Wörter einprägen.

Reden

Sie verstehen jetzt die neuen Wörter und nehmen sich im Abschnitt **Reden** die Dialoge vor. Kinderleicht, denn es kommt ja nichts Neues, dafür stehen die Wörter aber im Zusammenhang, gerade so, wie sie einem meist begegnen. Hören Sie die Dialoge ein paarmal an und lesen Sie sie, prägen Sie sich dabei die Wendungen ein, die für die jeweilige Situation wichtig erscheinen.

Üben

Unter dem Stichwort **Üben** steht, was dieses Buch von anderen Sprachführern unterscheidet. Sie werden nicht mit Wörtern, Sätzen und Dialogen allein gelassen, sondern haben Gelegenheit, den auf das Allerwichtigste beschränkten Stoff einzuüben, gerade so wie in einem dicken Lehrbuch. Die mit einem Cassetten-Symbol gekennzeichneten Übungen können Sie wahlweise mit Buch oder Cassette ausführen.

Die Zusammenfassung der Themen

Alle Wörter

Hier finden Sie, verschnürt in kleine Portionen zum Pauken, alle Wörter der drei letzten Lektionen, diesmal andersherum: deutsch-türkisch.

Service

Diese Seite bietet noch einige weiterführende Informationen.

Hier fehlt's

Der Lückentext bringt noch einmal einen Querschnitt der Dialoge mit auszufüllenden Lücken.

Hier steht's

Dieser Text enthält alles, was im Lückentext fehlt. Sie können sich diesen Dialog auch von der Cassette anhören und dann die Lücken ausfüllen.

Prüfstand

Zum Abschluß gibt es einen Wiederholungstest, der nochmals den wichtigsten Lernstoff abfragt und einschleift. Wenn Sie gut abschneiden wollen, dann müssen Sie auch die **Lesen**-Texte am Anfang der Lektionen aufmerksam durchlesen, sie werden nämlich ebenfalls abgefragt.

Das Angebot im Anhang

Kurzgrammatik

Die **Kurzgrammatik** ist für alle, die es genauer wissen wollen, die ein Minimum an Theorie brauchen, um gezielter zu lernen. Man kann hier nachschlagen, wie zum Beispiel die Mehrzahl gebildet, wie ein Verb konjugiert oder ein Befehl ausgedrückt wird. Das Wichtigste an Theorie ist aber in den jeweiligen Lektionen schon erklärt.

Schlüssel

Der **Schlüssel** bringt die Lösungen aller Übungen und Tests und dient der Selbstkontrolle.

Wörterbuch

Das türkisch-deutsche **Wörterbuch** enthält, über die in den Lektionen gelernten Vokabeln hinaus, unbekannte Wörter, die Ihnen auf Schildern, Speisekarten, in Zeitschriften, auf Tickets, Reklametafeln, in den Medien oder wo auch immer begegnen mögen.

Aussprache und Betonung

Diese Seiten brauchen Sie nicht zu pauken. Die Erklärungen sollen Ihnen dann weiterhelfen, wenn Sie nicht wissen, wie ein bestimmter Laut ausgesprochen wird.

Die Aussprache

Die türkische Schreibung, einst mit arabischen, seit 1928 mit lateinischen Buchstaben, ist größtenteils phonetisch. Das geschriebene Wort läßt sich so recht leicht lesen, zumal die meisten Laute auch im Deutschen vorkommen. Abweichend sind **a**, **c**, **v**, **y**, **z**; eigene Buchstaben sind: **ç**, **ğ**, **ı**.

a – â

a kurz wie in «Stadt»
â lang und dunkel wie in «Vater»

c – ç

c **dsch** oder **j** in «Dschingis-Khan» oder «Job»
ç stimmloses **tsch** wie in «Tscheche»

ğ

ğ wird als weiches **g** (yumuşak g) bezeichnet.
Ist im Hochtürkischen ein kaum hörbarer, den vorangehenden Vokal in die Länge ziehender Laut: çiğ (roh) wie «tschii». Nur im Osten wird das **ğ** manchmal noch gehaucht gesprochen.

ı

ı wie ein **u** ohne Lippenrundung. Oder auch wie das **e** in «bitter»: ein kurzer, rasch abfallender und dumpfer Laut.

r

r vorn auf der Zunge gerolltes **r**.

ş – z

ş wie **sch** in «schön»

z wird im Gegensatz zum (scharfen) **s** weich gesprochen wie in «reisen»

v – y

v wie ein **w**. Zwischen Vokal und Konsonant jedoch wie kurzes **u**: kavga (Streit) wie kauga

y wie ein **j**. Zwischen Vokal und Konsonant jedoch wie kurzes **i**: uyku (Schlaf) wie uiku

h – j

h am Wortanfang (hoş) oder zwischen zwei Vokalen (mahalle) wie deutsches **h**. Am Wortende (Allah) oder vor Konsonant (bahçe) wie leichtes **ch**.

j fast nur in Lehnwörtern aus dem Französischen. Wie **j** in «Journal».

Doppelvokale, -konsonanten

Doppelvokale	gesondert aussprechen wie «Be'amte»
Doppelkonsonanten	gelängt aussprechen wie «Schiffahrt»

Die Betonung

Die Betonung liegt nicht auf einer Silbe, sondern ist mehr oder minder gleichmäßig über alle Silben verteilt. Leicht abweichend von dieser Regel sind zusammengesetzte Wörter (Hauptton auf dem ersten Wort) sowie Ortsnamen (auf der ersten Silbe betont).

Tonhöhe (ansteigende Töne) und Satzmelodie sind viel wichtiger. Sie drücken Gemütsbewegungen aus und gliedern Wortgruppen und Sätze. Zudem schaffen sie Pausen, die helfen, teils sehr komplizierte Satzkonstruktionen zu verstehen. Doch keine Angst: Türkisch ist nicht Chinesisch! Tonhöhen und Wortbedeutung haben nichts miteinander zu tun. Anfänger dürfen ruhig öfter danebenlangen.

Vor oder nach 1983?» Der Besitzer des Antiquariats zuckt bedauernd die Achseln: «Nach 1983!» Sein Kunde, Typ leicht ergrauter Intellektueller, gibt sich optimistisch: «Macht nichts. Probier ich's eben beim nächsten.» Der Ort: *Sahaflar,* Istanbuls legendärer Büchermarkt. Das Gesuchte: eine bestimmte Ausgabe des *Türkçe Sözlük* (Türkisch-Wörterbuch) der Gesellschaft für türkische Sprache *(Türk Dil Kurumu).* Der Grund für das Interesse: In den Strudel politischer Umwälzungen waren in jener Zeit auch die Eintragungen in den Wörterbüchern geraten. Neu war so etwas allerdings nicht. Die *Türk Dil Kurumu* selbst verdankte ja ihre Gründung 1932 dem Bruch mit einer als überholt geltenden Vergangenheit. Atatürks Order: Weg mit der arabischen Schrift! Raus mit persischen und arabischen Lehnwörtern! Reines Türkisch sollte jetzt mit leicht variierten lateinischen Buchstaben geschrieben werden. Und da, wo der urtürkische Wortschatz nicht ausreichte, mußten Wortneuschöp-

fungen her, die, von der *Türk Dil Kurumu* festgesetzt, über Schule und Presse *(basın)* verbreitet wurden. Die Zeitung, die am konsequentesten mit dem alten, «Osmanisch» genannten, Sprachgebräu gebrochen hat, ist die *Cumhuriyet* (Republik). Bezeichnenderweise wird dieses zugleich liberalste Blatt nur von Gebildeten verstanden. Mit dem unverfälschten Türkisch *(öz Türkçe)* ist es eben so eine Sache. Die Sprachgewohnheiten, mit denen da gebrochen werden soll, sind immerhin so alt wie der Übertritt der Türken zum Islam, rund tausend Jahre. Außerdem geht es nicht um das Arabische, (20 bis 30 Prozent des Elementarwortschatzes) und Persische allein. Kurden, Armenier, Griechen, Kaukasier und Balkanbewohner, später dann Italiener und Franzosen – wer immer im Vielvölkerstaat der türkisch-osmanischen Eroberer eine Rolle spielte, hat in der Umgangssprache eine Spur hinterlassen. Genau das aber, ein Vielvölkerreich, will die moderne Türkei nicht mehr sein. Türksprachen, zu denen das in diesem Sinne amtlich verordnete Türkei-Türkisch zählt, werden vor allem in Zentralasien, der eigentlichen Heimat der Türkvölker, gesprochen. Die *dil* (Sprache, Zunge) der Özbeken, Aserbeidschaner, Kasachen und Tataren gehört ebenso dazu wie die der Uiguren in Westchina oder der Jakuten im Süden Sibiriens. Alles in allem etwa fünfundzwanzig moderne und einige schriftlose Sprachen, die immerhin hundertfünfzig Millionen Menschen zwischen Europa und China eine Verständigung ermöglichen. Kein Wunder, daß gerade diejenigen, die den Verlust des türkisch-osmanischen Imperiums nie so recht verwunden haben, von einer Vereinigung all dieser Türkvölker träumen. Mit dem Ende der Sowjetunion hat diese Utopie zumindest wieder an Aktualität gewonnen.

1 Lesen

Zwei Seelen wohnen in des Türken Brust: Hacıvat und Karagöz, zwei Gestalten aus ihrem traditionellen Schattentheater. Vornehm *(kibar)* und belesen der eine, ungebildet *(cahil)* und respektlos der andere, dem dennoch die Sympathien gehören. Karagöz, geradeheraus und immer abgebrannt, hat eben das Herz auf dem rechten Fleck. Müßte er nicht ständig Federn lassen, würde man es wohl ganz offen mit ihm halten. Wären da nicht die Hacıvats; die glatten, furchteinflößend unberechenbaren Hacıvats.
Einfach und geradeheraus sein wie Karagöz und doch auf Nummer Sicher gehen – wer die Türken im wesentlichen so sieht, kann den Erfolg des orthodoxen Islam gleich viel besser begreifen. «Gott will es euch leichtmachen, denn der Mensch ist ein schwaches Geschöpf!» heißt es im Koran (4,32), in dem deshalb vom Seelenheil bis zur Körperhygiene das Leben geregelt ist. Sich korrekt verhalten ist damit aber viel mehr als nur eine Frage guten oder schlechten Benehmens. Zwar kann man naiv sein, aus Blödheit Fehler machen, einander in aller Einfalt die unmöglichsten Fragen stellen (Karagöz' Erbe eben): Doch wehe, wenn sich einer ganz bewußt über alle, quasi von allerhöchster Stelle verordneten Verhaltensregeln hinwegsetzt, es beispielsweise ständig an Höflichkeit fehlen läßt. Das Gefühl, als Menschen vor Gott eine Art Schicksalsgemeinschaft zu bilden, ist so stark, daß das Ausscheren nur eines einzelnen bereits als Bedrohung für das Seelenheil aller empfunden werden kann. Es sind die Situationen, in denen sich Türken, ansonsten ganz reizende Leute, zuweilen in rechte Grobiane verwandeln.
Daß irgendwie alles zusammenhängt, daß schlechte Manieren wie Sand im Getriebe einer höheren Ordnung sind, glaubt übrigens auch der rein weltliche Türke. Feministinnen würden deshalb mit ihrer Kritik auch zuallerletzt bei irgendwelchen männlichen Galanterien ansetzen. Sie würden sie höchstens durch zeitgemäßere Formen ersetzt sehen wollen. Denn der Unterschied zwischen islamisch und weltlich geprägter Höflichkeit liegt im Detail. Einfaches Beispiel: *«Selamünâleyküm!»* (Friede sei mit euch!) ist der klassische, bei der bäuerlichen Bevölkerung noch geläufige Gruß aller Muslime. Von Atatürk-Anhängern – sie ziehen *«Merhaba!»* vor – wird er konsequent vermieden. Neu eingeführt ist übrigens auch das Hutlüften. Dem gestrengen Muslim, der den Kopf nie unbedeckt läßt, wäre es ein Greuel. Genauso wie die Wangenküsserei zwischen Männern und Frauen. Einen links, einen rechts – moderne Türkinnen und Türken haben sich dem weltweiten Bussi-Kult längst angeschlossen. Wer eigentlich möchte, aber sich nicht traut, gibt dem oder der anderen zur Begrüßung immerhin schon die Hand.

merhaba *guten Tag*

nasıl? *wie?*

nasılsınız? *wie geht es Ihnen/euch? (wie Sie sind/ihr seid?)*

iyi *gut, fein*

iyiyim *mir geht's gut (gut ich bin)*

ya *und wie steht es mit ...?*

siz *Sie, ihr*

teşekkür ederim *danke schön*

ben *ich*

de *auch*

nasılsın? *wie geht es dir? (wie du bist?)*

şöyle böyle *so lala, leidlich*

sen *du*

ad *Name*

adın ne? *Wie heißt du? (Name dein was?)*

ne? *was?*

mı? *Anhängsel, um Fragen zu stellen*

anlamadım *ich hab's nicht verstanden*

hayır *nein*

evet *ja*

adınız ne? *Wie heißen Sie/wie heißt ihr? (Name Ihr/euer was?)*

memnun oldum *angenehm!, sehr erfreut*

Begrüßung und Abschied

merhaba	paßt im Zweifelsfall immer. Ansonsten wünscht man
günaydın	guten Morgen!
iyi günler	guten Tag!
iyi akşamlar	guten Abend!
iyi geceler	gute Nacht!
	So sagt man nur beim Auseinandergehen. Die anderen Formen gelten sowohl als Begrüßung wie als Verabschiedung.

Aussprache ş, y, z

Türkisch lesen und sprechen fällt gerade Deutschen ziemlich leicht. Abweichungen in Schrift und Aussprache gibt es nur ein paar.

«ş»	wie «sch» in «schön»
«y»	wie «j»
«z»	im Gegensatz zum scharf gesprochenen «s» weich und stimmhaft wie in «Frisör»

Zahlen I

die ersten Zahlen

null	sıfır
eins	bir
zwei	iki
drei	üç
vier	dört
fünf	beş

Übrigens: unser Wort Ziffer kommt von...?

Erster Kontakt

Merhaba.	Guten Tag.
Merhaba.	*Guten Tag.*
Nasılsınız?	Wie geht es Ihnen?
İyiyim. Ya siz, nasılsınız?	*Mir geht es gut. Und Ihnen, wie geht's Ihnen?*
Teşekkür ederim. Ben de iyiyim.	Danke schön, mir geht es auch gut.

Merhaba, Kemal.	Tag, Kemal.
Merhaba.	*Tag.*
Nasılsın?	Wie geht's dir?
Şöyle böyle. Ya sen, nasılsın?	*So lala. Und du, wie geht es dir?*
İyiyim. Teşekkür ederim.	Mir geht es gut. Danke schön.

Adın ne?	Wie heißt du?
Max.	*Max.*
Anlamadım.	Ich hab's nicht verstanden.
Max,	*Max.*
Makkıs mı?	Makkıs?
Hayır, Max!	*Nein, Max!*
Max mı?	Max?
Evet, Max!	*Ja, Max!*

Merhaba, nasılsınız?	Guten Tag, wie geht es Ihnen?
Teşekkür ederim, iyiyim.	*Danke schön, mir geht es gut.*
Adınız ne?	Wie ist Ihr Name?
Serdar.	*Serdar.*
Memnun oldum.	Sehr erfreut.
Ben de memnun oldum.	*Ganz meinerseits. (ich auch sehr erfreut)*

i-Punkt

Setzen Sie ihn auch aufs große «İ»: **«İyiyim.»** Im Türkischen gibt es ja zweierlei «i». Das ohne i-Punkt wie in **«hayır»** (nein) ähnelt dem «e» in «bitter»; ein kurzer, rasch abfallender Laut.

Üben

1. Was bedeutet was? Ordnen Sie zu:

1. merhaba
2. memnun oldum
3. hayır
4. iyiyim
5. evet

a mir geht's gut
b ja
c angenehm
d guten Tag
e nein

2. Sprechen Sie laut! Welche Zahl ist übersprungen?

1. sıfır, bir, iki, üç, beş
2. bir, iki, dört, beş
3. bir, iki, üç, beş
4. bir, üç, dört, beş
5. sıfır, bir, iki, üç, dört

3. Was sagt man, wenn man:

1. sich begrüßt?

a hayır
b merhaba
c evet

2. sich nach dem Befinden erkundigt?

a nasılsınız
b şöyle böyle
c memnun oldum

3. nach dem Namen fragt?

a iyiyim
b adınız ne
c ne

4. sich einander vorstellt?

a iyi
b siz
c memnun oldum

5. sich bedankt?

a sen
b ben
c teşekkür ederim

4. Teilen Sie Ihre Telefonnummer mit:

1. 530241 **2.** 004352 **3.** 42115 **4.** 224130 **5.** 355104 **6.** 235401

Staatspräsident *(Cumhurbaşkanı)* Süleyman Demirel steigt aus dem Flugzeug. Die Menge bricht in *«Baba! Baba!»*-(Vater! Vater!-)Rufe aus. Demirel schwenkt den Hut, schreitet die Front der Parteidelegierten ab. Ein Kreisvorsitzender greift seine Hand, um sie zu küssen und anschließend zur Stirn zu führen.

Ellerinizden öperim (ich küsse Ihnen die Hände), dieses quer durch die Gesellschaft praktizierte, seltsam feudal anmutende Ritual zeigt es vielleicht am deutlichsten: Soziale Rangordnungen spielen eine große Rolle, und zwar bei Männern und Frauen gleichermaßen. Demirel küßte die Hand seiner alten Mutter, diese die ihres Ehemannes, der wiederum tat es womöglich noch bei seinem Vorgesetzten. Wer immer rangmäßig höher steht, hat darauf Anspruch. Daß Jüngere Älteren Platz machen, Erwachsene in Gegenwart ihrer Eltern aufstehen, daß selbst gestandene Männer vor einem höheren Beamten die Hände an die Hosennaht legen, kann man in der Türkei noch überall beobachten.

Den Staatspräsidenten mit *baba* zu titulieren, ist kein Zufall. Viel lebendiger noch als das erst jüngst verordnete Nationalgefühl ist das Sippendenken. Spürbar allein schon daran, wie sich Dörfer, Städte, Regionen gegeneinander abgrenzen und für den jeweils Außenstehenden dasselbe Wort benutzen wie für den nichttürkischen Ausländer: *yabancı!* Mit der Gründung der Republik hat man die Hierarchie der Sippen im Grunde auf die gesamte Nation übertragen, mit Atatürk an der Spitze. Genau dies ist es auch, was aufgeklärte Türken manchmal zum Wahnsinn treibt. Statt einfach nur wie Staatsbürger werden sie von nicht wenigen Amtsinhabern wie entfernte Verwandte *(akraba)* behandelt. Kein Wunder, daß Vetternwirtschaft kein Fremdwort ist.

Wie feingesponnen diese Hierarchien früher einmal waren, läßt sich ganz gut an den tausenderlei Verwandtschaftsbezeichnungen ablesen: Mutterschwester *(teyze)*, Vaterschwester *(hala)*, Ehemann der Schwester *(enişte)*, Ehemann der Schwester der Ehefrau *(bacanak)* – mindestens die Hälfte der Bevölkerung macht davon auch über die Familie hinaus Gebrauch. Wer als Deutscher oft nicht weiß, wie er einen Fremden ansprechen soll, findet es nicht nur entkrampfend, sondern auch äußerst praktisch. «Großmutter» (*nine)*, fragt man da ganz ungeniert das alte Mütterchen am Gartenzaun: «Wie find ich denn zum Krämer?»

Beim modernen, westlich empfindenden Türken ist es freilich nicht mehr angebracht. Zumindest untereinander hält man es da längst wie in Europa, jedenfalls nach außen. Daß trotzdem auch in der Mittel- und Oberschicht etwas von der alten Rangordnung fortbesteht, merkt man schon bei den Kindern: Statt Sibel oder Mehmet, den bloßen Vornamen der älteren Geschwister zu gebrauchen, müssen die Jüngeren *abla* (ältere Schwester) oder *ağabey* (älterer Bruder) sagen.

selâmünaleyküm *Friede sei mit euch*

aleykümselâm *Erwiderung auf «selâm...»*

hoca efendi *Herr Geistlicher*

nereye? *wohin?*

kardeş *jüngerer Bruder, Schwester*

cami *Moschee*

çok *sehr*

güzel *schön, prima*

Allaha ısmarladık *auf Wiedersehen (Gott befohlen; sagt der, der geht)*

güle güle *auf Wiedersehen (lachend; sagt der, der bleibt)*

kız *Mädchen, Tochter*

kızım *mein Mädchen, meine Tochter*

teyze *Tante*

memleket *Heimatland*

memleketin ne? *woher kommst du? (Heimat deine was?)*

Almanya *Deutschland*

neresinden? *woher von dort? (bezieht sich auf vorangegangene Ortsangaben)*

haydi *also dann, auf geht's*

Das Anhängsel macht's

Gewöhnen Sie sich gleich daran:

Den vier Wörtern im Deutschen «Mir geht es gut» entspricht ein knappes **«İyiyim»**.

«iyi» (gut) bekommt das Anhängsel **«yim»** (ich bin)

Anhängsel ersetzen die kompliziertesten grammatischen Konstruktionen, selbst Nebensätze. Die Fachleute nennen es Agglutination (Anklebung).

Persönliche Fürwörter

ben	ich	**biz**	wir
sen	du	**siz**	Sie, Ihr
o	er sie es	**onlar**	sie

Zahlen II von sechs bis zehn

altı	sechs
yedi	sieben
sekiz	acht
dokuz	neun
on	zehn

Aussprache c, ç

«c» wie «dsch»
«ç» wie «tsch»

Woher – wohin

Selâmünaleyküm.	Friede sei mit euch.
Aleykümselâm, hoca efendi.	*Und Friede mit euch, Hochwürden.*
Nereye, kardeş?	Wohin, Schwester?
Camiye.	*Zur Moschee.*
Çok güzel.	Sehr schön.
Allaha ısmarladık.	*Auf Wiedersehen.*
Güle güle.	Auf Wiedersehen.

Merhaba, kızım.	Guten Tag, mein Mädchen.
Merhaba, teyze.	*Guten Tag, Tante.*
Memleketin ne?	Woher kommst du?
Almanya.	*Deutschland.*
İyi. Neresinden?	Fein. Woher von dort?
Stuttgart.	*Stuttgart.*

Adın ne?	Wie ist dein Name?
Lale.	*Lale.*
Nasılsın, kızım?	Wie geht es dir, mein Mädchen?
İyiyim.	*Mir geht's gut.*
Memleketin ne?	Woher kommst du?
Kapadokya.	*Kappadokien.*
Neresinden?	Woher von dort?
Ürgüp.	*Ürgüp.*
Güzel. Haydi, güle güle.	Schön. Also dann, auf Wiedersehen.
Allaha ısmarladık.	*Auf Wiedersehen.*

Wie spreche ich wen an?

Die Mehrheit der Bevölkerung hält sich noch an die Tradition: Man fühlt sich als große Familie und überträgt Verwandtschaftsbezeichnungen, mit diesen aber auch die innerfamiliäre Hierarchie auf die gesamte Gesellschaft. Etwa:

teyze	Tante (Schwester der Mutter)	bei deutlich älteren Frauen
amca	Onkel (Bruder des Vaters)	bei deutlich älteren Männern
abla	ältere Schwester	für Frauen aus derselben Generation
ağabey	älterer Bruder	für Männer aus derselben Generation

Üben (2)

1. Welche Erwiderung paßt, a oder b?

1. Allaha ısmarladık. — **a** Memnun oldum. **b** Güle güle.

2. Memleketin ne? — **a** Almanya. **b** Cami.

3. Adın ne? — **a** Mustafa. **b** Stuttgart.

4. Selâmünaleyküm. — **a** İyiyim. **b** Aleykümselâm.

5. Nasılsınız? — **a** Şöyle böyle. **b** Haydi.

2. Je ein Wort paßt nicht:

1. altı, sekiz, çok, on
2. kızım, teyze, haydi, kardeş
3. aleykümselâm, güle güle, iyiyim, neresinden
4. Mehmet, Ürgüp, Almanya, Kapadokya

3. Sagen Sie's auf türkisch:

1. Wohin, Bruder? **2.** Aus welchem Land kommst du? **3.** Woher von dort? **4.** Sehr schön. **5.** Sehr gut. **6.** Also dann, auf Wiedersehen. **7.** Friede sei mit dir!

4. Woher stammt das Auto? Lesen Sie die ersten beiden Ziffern vom Nummernschild:

1. İstanbul: 34 **2.** Edirne: 22 **3.** İzmir: 35 **4.** Bursa: 16 **5.** Ankara: 06 **6.** Artvin: 08 **7.** Çanakkale: 17 **8.** Trabzon: 61 **9.** Giresun: 28 **10.** Samsun: 55

Gott ist einzig
Allah birdir

Darum wird Allah auch stets groß geschrieben. Groß auch alle Eigennamen, Sprachen, Titel, Satzanfänge. Klein der Rest!

3 lesen

Das Zauberwort *ayıp*

Aus einem Ratgeber der schwedischen Abendzeitung «Aftonbladet» für Touristinnen: Kleidung in Mexiko: Ähneln Sie auf keinen Fall US-Amerikanerinnen! Türkei: Ordentlich kleiden, den Rock ein bißchen länger als sonst! Lokale in Spanien: Nicht allein! Türkei: No problem. Aber nicht laut und auffällig benehmen! Belästigungen in den USA: Fuck off! Türkei: *«Ayıp!»* rufen; möglichst so, daß es noch andere hören.

Das Zauberwort, zu dem die Schweden hier raten, meint knapp und bündig all das, was man auf keinen Fall tun sollte. «Falsch» oder «peinlich» ist in der Bedeutung noch viel zu schwach. Denn *ayıp* sind nicht allein Verstöße gegen das, was sich eben nicht gehört. Wer sich *ayıp* benimmt, hält es quasi mit dem Teufel *(şeytan)*. Hier haben wir sie wieder, die islamische Schicksalsgemeinschaft. Wenn nur einer gegen die so klar formulierten Sittengesetze verstößt, haben es alle zu büßen. Und darum: Wird einer zudringlich, laut und vernehmlich *«ayıp!»* entgegenschmettern. Das hat bei strenggläubigen Muslimen etwas vom Jüngsten Gericht. Umgekehrt kann dieses Drohwort auch ziemlich schnell auf einen selbst zurückfallen. Gerade da, wo man sich – aus den eigenen Gewohnheiten heraus – gar nichts Böses denkt. Daß Nacktbaden *ayıp* ist, müßte eigentlich jeder wissen, genauso wie Fluchen, unhöflich sein oder mit kurzen Hosen oder als Frau ohne Kopftuch eine Moschee zu betreten. *Ayıp* kann aber bereits öffentliches Händchenhalten sein, von Küssen ganz zu schweigen. Als Grundregel gilt: Je konservativer die Umgebung ist, desto zurückhaltender muß man sein.

Ayıp, von unzweifelhaft arabisch-islamischer Herkunft, hat sich andererseits längst auch im rein weltlichen Sprachgebrauch eingenistet. Da vor Allah alle gleich sind, dürfte es eigentlich nicht *ayıp* sein, den Chef im Büro zu duzen. Ist es aber! Und auch widerspenstige Sprößlinge bringt man so zur Räson. Will einer seine Suppe nicht essen oder nicht zu Bett, können die Eltern noch so modern sein: *«Ayıp!»* heißt es dann. Die Wirkung ist etwa so, als drohten sie mit dem schwarzen Mann.

«du» oder «Sie»?

Siezen Sie bei der Ober- und Mittelschicht und bei Behörden. Ansonsten ist «du» üblich. Respekt und Distanz bringt man herkömmlicherweise durch Anreden und Gesten zum Ausdruck. Mit der Verwestlichung des Lebensstils schwinden diese aber immer mehr. Gerade dann müssen «du» und «Sie» als um so wichtigerer Ersatz herhalten.

affedersiniz *entschuldigen Sie bitte*

buyurun *bitte schön*

bey *Herr (dem Vornamen nachgestellt)*

hanım *Frau (dem Vornamen nachgestellt)*

nerede? *wo?*

ev Haus

Fransa *Frankreich*

Fransa'da in Frankreich

hoş geldiniz! *willkommen! (genehm Sie sind gekommen)*

hoş bulduk *Erwiderung auf «hoş geldiniz» (genehm wir fanden es vor)*

dükkan *Laden*

dükkanda *im Laden*

kapı *Tür*

kapıda *bei, an der Tür*

bir şey değil! *keine Ursache! (eine Sache ist es nicht)*

arkadaş *Freund/in, Kollege/in*

Türkiye *Türkei*

öyle mi? *so?, tatsächlich?*

Große Vokalharmonie: mi oder mı? mü oder mu?

Je nachdem.
Im Türkischen müssen Vokale harmonisch zusammenpassen.

Max **mı**? Max?
«ı» ohne Punkt, weil vorher «a»

öyle **mi**? so?
«i» mit Punkt, weil vorher «e»

Es kommt auf den unmittelbar vorausgehenden Vokal an, dementsprechend lautet das Anhängsel.

steht ein	kommt ein	steht ein	kommt ein
a	ı	o	u
ı	ı	u	u
e	i	ö	ü
i	i	ü	ü

Aussprache ğ

«ğ» ist im Hochtürkischen ein kaum hörbarer, am Wortende stummer Laut. Er zieht den vorangehenden Vokal in die Länge:

değil (nicht sein) gesprochen: **deeil**

Frage und Antwort

Affedersiniz.	Entschuldigen Sie.
Buyurun, Lütfü bey.	*Bitte schön, Herr Lütfü.*
Fatma hanım nerede? Evde mi?	Wo ist Frau Fatma? Zu Hause?
Hayır. Fatma hanım Fransa'da.	*Nein, Frau Fatma ist in Frankreich.*

Merhaba, Nilgün hanım.	Guten Tag, Frau Nilgün.
Merhaba, Kemal bey, hoş geldiniz.	*Guten Tag, Herr Kemal. Willkommen.*
Hoş bulduk. Attila nerede?	Schön, Sie anzutreffen. Wo ist Attila?
Dükkanda.	*Im Laden.*
Öyle mi?	So?
Evet, kapıda.	*Ja, bei der Tür.*
Teşekkür ederim.	Danke schön.
Bir şey değil.	*Keine Ursache.*

Merhaba arkadaş.	Guten Tag, Freund.
Merhaba.	*Guten Tag.*
Türkiye güzel mi?	Ist die Türkei schön?
Evet, çok güzel.	*Ja, sehr schön.*
Memleketin ne?	Aus welchem Land kommst du?
Almanya.	*Deutschland.*
Neresinden?	Woher von dort?
Dortmund.	*Dortmund.*
Dortmund güzel mi?	Ist Dortmund schön?
Şöyle böyle.	*So lala.*

Kleine Vokalharmonie: de oder da?

Das Anhängsel **de/da** entspricht unseren Präpositionen «in, bei, an».

dükkan**da**	im Laden	ev**de**	im Haus
«da», weil vorher «a»		**«de»**, weil vorher «e»	

Wieder entscheidet der vorangehende Vokal. Anders jedoch als bei der großen Vokalharmonie gibt es bei der kleinen nur **«e»** oder **«a»**!

Steht als letzter Vokal:	folgt im Anhängsel:		
a, ı, o, u	**a**	**kapıda**	an der Tür
e, i, ö, ü,	**e**	**Çin'de**	in China

1. Wo ist es am schönsten? Sie antworten mit «de» oder «da»:

«Fatma'da» (Achtung: kleine Vokalharmonie.)

1. bei Fatma **2.** in Frankreich **3.** im Laden **4.** bei Lütfü **5.** in der Türkei **6.** zu Hause **7.** bei der Tante **8.** bei meiner Tochter **9.** in Deutschland

2. Sie glauben, den Namen zu wissen, sind sich aber nicht sicher. Fragen Sie nach mit «mi», «mı», «mü» oder «mu»:

«Affedersiniz, adınız ne? Lütfü mü?» (Achtung: große Vokalharmonie.)

1. Lütfü? **2.** Lale? **3.** Orhan? **4.** Mehmet? **5.** Attila? **6.** Nilgün? **7.** Hakkı? **8.** Turgut? **9.** Erol? **10.** Fatma? **11.** Çiğdem? **12.** Tansu? **13.** Ali?

3. Auf türkisch:

1. Ist die Türkei schön? **2.** Willkommen! **3.** Bitte schön, Frau Semra. **4.** Keine Ursache. **5.** Guten Tag, Freund. **6.** Wo ist Herr Kemal? **7.** Tatsächlich?

4. Was ist richtig, a oder b?

1. In Amerika.	**a** Amerika'da.	**b** Amerika'de.
2. In Rußland.	**a** Rusya'de.	**b** Rusya'da.
3. In England.	**a** İngiltere'de.	**b** İngiltere'da.
4. In Ägypten.	**a** Mısır'de.	**b** Mısır'da.
5. In China.	**a** Çin'de.	**b** Çin'da.

Apostroph

Nur bei Eigennamen:

Fransa'da — in Frankreich

der, die, das

Gibt es nicht! Türkisch kommt ohne Artikel aus.

Alle Wörter

Grüße

guten Tag
merhaba

wie geht es dir?
nasılsın?

wie geht's Ihnen?
nasılsınız?

danke schön
teşekkür ederim

Friede sei mit euch
selâmünaleyküm

auf Wiedersehen
Allaha ısmarladık

willkommen
hoş geldiniz

Erwiderung

mir geht es gut
iyiyim

so lala
şöyle böyle

keine Ursache
bir şey değil

Friede mit euch
aleykümselâm

auf Wiedersehen
güle güle

nein
hayır

ja
evet

sehr erfreut
memnun oldum

hab's nicht verstanden
anlamadım

schön, Sie vorzufinden
hoş bulduk

Personen

Sie, ihr
siz

ich
ben

du
sen

Herr Geistlicher
hoca efendi

Schwester, Bruder
kardeş

(meine) Tochter
kız (-ım)

Tante
teyze

Herr
bey

Frau
hanım

Freund
arkadaş

Fragen

wie ist dein Name?
adın ne?

wie ist Ihr Name?
adınız ne?

was?
ne?

Frageanhängsel
mi, mı, mü, mu

wie?
nasıl?

wohin?
nereye?

welches ist dein Land?
memleketin ne?

woher von dort?
neresinden?

wo?
nerede?

und wie steht's mit...?
ya...?

Drum und Dran

in, bei, an
-de, -da

auch
de, da

Moschee
cami

zur Moschee
camiye

sehr
çok

schön
güzel

Deutschland
Almanya

auf geht's
haydi

(zu) Haus (-e)
ev (-de)

Frankreich
Fransa

Tür
kapı

Türkei
Türkiye

entschuldigen Sie
affedersiniz

bitte schön
buyurun

Name
ad

Heimatland
memleket

so
öyle

gut
iyi

Laden
dükkan

Bitte

buyurun	als Aufforderung; zum Beispiel hereinzukommen, Platz zu nehmen
lütfen	als nachdrückliches Bitten oder Flehen
efendim?	auf Fragen: wie bitte?

Gebräuchliche Anreden in der Mittel- und Oberschicht

hanımefendi, beyefendi	im Sinne von Madame, Monsieur gebraucht. Wissen Sie von jemandem den Namen nicht, liegen Sie damit immer richtig.
bayan, bay	Dame, Herr – im Sinne von «eine schöne Dame, ein feiner Herr». Als Ersatz für Frau..., Herr... (Frau Demirel, Herr Juhnke) nur selten im Gebrauch. Nachnamen gibt es eben erst seit den zwanziger Jahren. Nach wie vor am üblichsten: *Fatma hanım, Uwe bey; hanım, bey* dem Vornamen nachgestellt.
memur hanım, memur bey	wörtlich: Frau Beamtin, Herr Beamter. Von der Briefträgerin bis zum Polizisten können alle Staatsbeamten so angesprochen werden.

Betonung

Silben rein türkischer Wörter werden meist kurz und gleich betont! Ausnahmen bei Lehnwörtern und grammatischen Konstruktionen.

Bei Fragen mit **«ne»**, ob als Wortbestandteil *nereye, nereslnden?* oder für sich stehend, *memleketin ne?* liegt die Betonung auf **«ne»**.

Ⓩ Hier fehlt's

Lesen Sie sich die drei Dialoge durch, und tragen Sie die fehlenden Wörter ein. Wenn Sie nicht mehr weiterwissen, dann dürfen Sie auf die nächste Seite schielen:

Selâmlama – Begrüßung

Dialog 1

Merhaba.
Merhaba, ... geldiniz.
.... bulduk. Nasılsınız?
İyiyim, teşekkür ....
Lütfü .... nerede? Dükkanda ....?
.................., evde.
Öyle ....?
Evet.
.... ederim.
Bir .... değil.

Dialog 2

Selâmünaleyküm, kardeş.
....
Nasılsın?
..................yim.
Memleketin ....? Mısır mı?
.................., Türkiye.
Neresinden? İstanbul ....?
.................., İstanbul.
İstanbul güzel ....?
.... güzel. Haydi, Allaha ....

Hier steht's

Hören Sie die drei Dialoge von der Cassette. Vergleichen Sie die Lösungen, die Sie gefunden haben, und plappern Sie einfach nach:

Selâmlama – Begrüßung

Dialog 1

Merhaba.
Merhaba, hoş geldiniz.
Hoş bulduk. Nasılsınız?
İyiyim, teşekkür ederim.
Lütfü bey nerede? Dükkanda mı?
Hayır, evde.
Öyle mi?
Evet.
Teşekkür ederim.
Bir şey değil.

Dialog 2

Selâmünaleyküm, kardeş.
Aleykümselâm.
Nasılsın?
İyiyim.
Memleketin ne? Amerika mı?
Hayır, Fransa.
Neresinden? Strasbourg mu?
Evet, Strasbourg.
Strasbourg güzel mi?
Çok güzel. Haydi, Allaha ısmarladık.
Güle güle.

Ⓩ

Prüfstand

1. Schreiben Sie die nächstfolgende Zahl:

1. beş ....
2. altı ....
3. dört ....
4. sekiz ....
5. yedi ....
6. sıfır ....
7. üç ....
8. dokuz ....
9. iki ....
10. bir ....

2. Worauf paßt die Erwiderung?

1. Evde.
   a Nasılsınız?
   b Fatma nerede?
   c Güzel mi?

2. Bir şey değil.
   a Ya sen?
   b Memleketin ne?
   c Teşekkür ederim.

3. Güle güle.
   a Allaha ısmarladık.
   b Selâmünaleyküm.
   c Hoş geldiniz.

4. Karl Otto.
   a Nereye?
   b Adın ne?
   c Nasıl?

5. Şöyle böyle.
   a Ne?
   b Nasılsın?
   c Neresinden?

3. Rätsel

1. Dort betet der Muslim.
2. Folgt den Damen auf den Namen.
3. Moralisches Aburteil.
4. Erkennt man in der Not.
5. Liebeswort der Egomanen.

4. Haben Sie aufgepaßt?

1. Im *sahaflar* finden Sie

a alten Käse.
b alte Schinken.
c alte Kamellen.

2. *dil* benutzt man zum

a Hören.
b Riechen.
c Sprechen.

3. Die eigentliche Heimat der Türken liegt

a in der Kalahari.
b im Berner Obertal.
c in Zentralasien.

4. Unter *öz Türkçe* versteht man

a ein an Umlauten besonders reiches Türkisch.
b unverfälschtes Türkisch.
c Emigrantentürkisch.

5. Wer rangmäßig höher steht, hat Anspruch auf

a Kratzfüße.
b Kniefälle.
c Handküsse.

6. Im Türkischen sollten die Vokale

a möglichst keine Rolle spielen.
b harmonisch zusammenpassen.
c zugleich auch noch alle Konsonanten ersetzen.

7. *mi, mı, mu,* oder *mü?*

1. güzel ....? **2.** altı ....? **3.** Almanya ....?
4. siz ....? **5.** evde ....? **6.** çok ....?
7. Ayşe ....? **8.** arkadaş ....? **9.** öyle ....?

Murat Haşhaş' Laden ist eng und vollgestopft mit Waren. Bedruckte Baumwollstoffe *(yazma)*, Wollstrümpfe *(yün çorabı)*, Lendenschurze *(peştamal)* fürs Schwitzbad, alte Kleider aus Seide *(ipek)*, Stickereien *(nakış)* – das meiste vom Feinsten und von überall zusammengetragen. Die Adresse – Istanbul, Großer Basar, Straße der Tuchhändler – könnte fürs Geschäft besser nicht sein. Qualität wie bei Murat Haşhaş findet man freilich immer seltener. Auch im touristischen Großen Basar dominieren längst Ramsch und vorgefertigte Massenartikel.
Ganz im Herzen dieses überdachten Labyrinths aus Läden, Werkstätten, Banken, Restaurants und Moscheen ist *bedesten,* eine große Kuppelhalle, in der man zu allen Zeiten am meisten Geld hinblättern mußte. Früher

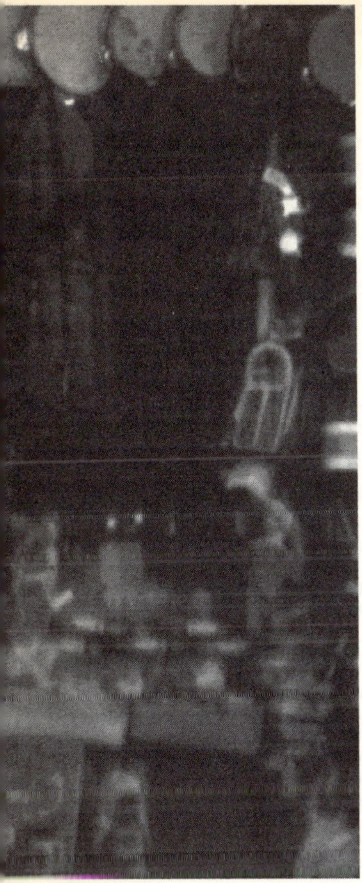

für Gewürze und kostbare Stoffe, heute für Antiquitäten. Nach Westen hin zieht sich endlos die Straße der Goldschmiede. Die Schaufenster sind geschickt ausgeleuchtet, man bleibt buchstäblich geblendet stehen, ist aber bald ernüchtert: Die Verarbeitung von Ohrringen *(küpe)*, Armreifen *(bilezik)* oder Halsketten erweist sich als eher bescheiden. Immerhin sind die Stücke – Goldgehalt zwischen 16 und 24 Karat *(ayar)* – dadurch um einiges billiger als im Westen. Der Preis wird nach Gewicht, kaum nach Arbeitsaufwand berechnet, gilt Goldschmuck doch bei vielen noch immer als Kapitalanlage (etwa bei der Aussteuer). Neben Tuchhändlern und Goldschmieden werden auch die übrigen noch verbliebenen Handwerke und Erwerbszweige in jeweils eigenen Straßen zusammengefaßt. Und keineswegs nur hier im Großen Basar. In den Geschäftsvierteln *(çarşı)* einer jeden türkischen Stadt hat dieses Überbleibsel früherer Gilden und Zünfte noch immer Bestand. Konzentration gibt es selbst bei ganz modernen Produkten: Autozubehör oder Elektroartikel. So kann man sich ohne große Rennerei rasch einen Überblick über Angebot und Preissituation machen.

Gegen 19 Uhr gehen vor den Geschäften rasselnd die Rolläden herunter, die Portale am Großen Basar werden geschlossen. Murat Haşhaş fährt wie Zigtausende andere mit einem Sammeltaxi *(dolmuş)* in einen Wohnbezirk am Stadtrand. Wohn- und Geschäftsviertel sind mehr oder weniger streng geschieden. Kleine Läden für den täglichen Bedarf, Damen- und Herrenfrisör *(kuaför und berber)*, vielleicht ein Supermarkt *(market)* – mehr hat das *mahalle* (Wohnviertel) nicht zu bieten. Es ist der Wochenmarkt *(pazar)*, durch den die *mahalle* erst so richtig auflebt. Wenn Markttag ist, überläßt Haşhaş den Laden im Großen Basar einem Gehilfen. Anstatt um acht Uhr seine Schätze auszubreiten, stürzt er sich ins Gewühl rings um die unter weißen Zeltplanen errichteten Marktstände. Für viele Türken ist der *pazar* nach wie vor Männersache. Nicht allein wegen der Schlepperei. Einem gestrengen Muslim früherer Zeiten hätte die unvermeidliche Enge einiges Kopfzerbrechen bereitet. Touristinnen, die schon mal begrapscht werden, wissen ein Lied davon zu singen. Haşhaş findet die Atmosphäre herrlich. «Nirgends sind Obst und Gemüse so billig», sagt er. «Frische Butter, selbstgemachter Joghurt – man bekommt einfach alles!» – «Alles» bedeutet auch billige Kleidung, Schuhe, verschiedensten Krimskrams und, wenn auch immer weniger, Körbe (zumeist von Zigeunern), Handspindeln *(iğ)* oder, je nach Region, Töpfer- *(çömlek)* und Kupferwaren *(bakır)*. Auffällig ist, was alles zu Geld gemacht werden kann: Tüten aus Zeitungspapier, Eimer aus Käsekanistern ... Not macht erfinderisch, siebzig bis achtzig Prozent Inflation im Jahr lassen den Türken keine andere Wahl, als sich ständig nach neuen Erwerbsquellen umzuschauen. *«Domates kaç kuruş?»* (Wieviel *kuruş* kosten die Tomaten?) fragt ein schon recht betagtes Väterchen am Nachbarstand. «Seht ihr», meint Haşhaş stirnrunzelnd, «das ist typisch. Unser Geld verliert so rasch an Wert, da kommen die Alten gar nicht mehr mit. Den *kuruş* (Groschen) haben sie inzwischen abgeschafft. Und unsere *lira* (hundert *kuruş* waren früher eine *lira*) kann man auch bald vergessen.» Tatsächlich gibt die Zentralbank *(merkez bankası)* immer höhere Banknoten heraus – für Türken, die Portemonnaies verabscheuen und ihr Geld am liebsten gebündelt in die Hosentasche stecken, ein vor allem räumliches Problem. Auch Haşhaş zieht jetzt einen Packen hervor. Er zählt ein paar Scheine ab – Atatürk auf der Vorderseite – und reicht sie einem Händler hinüber. «Riecht wie bei mir im Laden, nicht wahr?» – «Was hast du denn gekauft?» – «Mottenpulver!»

Adjektive + Zahlwörter

Normale Reihenfolge			Ausnahme: **bir** (ein,-s)		
Zahlwort	Adjektiv	Hauptwort	Adjektiv	Zahlwort	Hauptwort
iki	**yeni**	**araba**	**yeni**	**bir**	**araba**
zwei	neue	Wagen	neuer	ein	Wagen

Fragewörter

rutschen (vors Verb) an das Satzende:

Çarşı nerede?	Der Basar, wo (ist)?
Dükkanda kaç tane var?	Im Laden wie viele Stücke gibt es?

halı *Teppich*

var *es gibt*

yok *es gibt nicht*

kapalı *geschlossen, bedeckt*

kapalı çarşı *überdachter Basar, Großer Basar in Istanbul*

bir şey etwas

bir şey yok *nichts*

çarşı *Basar, Geschäftsviertel*

hangi? *welcher, welche, welches?*

kuyumcu *Goldschmied*

kuyumcu çarşısı *Basar der Goldschmiede*

orada *dort*

her *jeder, jede, jedes*

her şey *alles (jede Sache)*

ucuz *billig*

pahalı *teuer*

değil *sind/ist nicht (Verneinung von «sein»)*

kaliteli *hochwertig*

ne kadar? *wieviel, in welchem Umfang, wie lange?*

maşallah! *alle Wetter!, großartig! (Beschwörungsformel)*

Zahlen III

werden ganz regelmäßig gebildet

11	**on bir**	21	**yirmi bir**	101	**yüz bir**
12	**on iki**	22	**yirmi iki**	200	**iki yüz**
13	**on üç**	30	**otuz**	303	**üç yüz üç**
14	**on dört**	40	**kırk**	455	**dört yüz elli beş**
15	**on beş**	50	**elli**	1000	**bin**
16	**on altı**	60	**altmış**	1150	**bin yüz elli**
17	**on yedi**	70	**yetmiş**	10000	**on bin**
18	**on sekiz**	80	**seksen**	100000	**yüz bin**
19	**on dokuz**	90	**doksan**	1000000	**bir milyon**
20	**yirmi**	100	**yüz**	1154688	**bir milyon yüz elli dört bin altı yüz seksen sekiz**

Verben

stehen in der Regel am Schluß:

Her şey var.	Alles gibt es.
Para lâzım.	Geld ist nötig.

4 Reden

Im Basar

Buyurun!	Bitte schön!
Merhaba!Halı var mı?	*Guten Tag! Haben Sie Teppiche?*
Evet.	Ja.
Nerede?	*Wo?*
Evde.	Zu Hause.
Dükkanda da var mı?	*Sind auch welche im Laden?*
Hayır, dükkanda halı yok.	Nein, im Laden sind keine Teppiche.
Nerede var?	*Wo gibt es welche?*
Kapalı çarşıda.	Im Großen Basar.
Dükkanda ne var?	*Was gibt es im Laden?*
Bir şey yok.	Nichts.

Affedersiniz, çarşı nerede?	'tschuldigung, wo ist der Basar?
Hangi çarşı, kuyumcu çarşısı mı?	*Welcher Basar? Der Basar der Goldschmiede?*
Hayır, kapalı çarşı.	Nein, der Große Basar.
Orada.	*Dort!*
Kapalı çarşıda halı var mı?	Gibt es im Großen Basar Teppiche?
Her şey var.	*Alles gibt es.*
Teşekkür ederim.	Danke schön.
Bir şey değil.	*Keine Ursache.*

Merhaba! Ucuz halı var mı?	Guten Tag! Haben Sie billige Teppiche?
Hayır, ucuz halı yok.	*Nein, billige Teppiche haben wir nicht.*
Her şey pahalı mı?	Ist alles teuer?
Pahalı değil, kaliteli.	*Teuer ist es nicht, hochwertig.*
Ne kadar kaliteli?	Wie hochwertig?
Altı milyon!	*Sechs Millionen!*
Maşallah, çok kaliteli.	Alle Wetter, sehr hochwertig!

zweimal halb

yarım	steht ohne weitere Zahl:	**yarım kilo**	ein halbes Kilo
buçuk	steht nach einer Zahl:	**bir buçuk kilo**	anderthalb Kilo

1. Welche Antwort paßt?

1. Her şey pahalı mı?
a Hayır, her şey kaliteli.
b Bir şey yok.

2. Türkiye'de cami var mı?
a Türkiye'de cami yok.
b Türkiye'de cami var.

3. Kapalı çarşı nerede?
a Orada.
b Ne kadar?

4. Ne kadar pahalı?
a Maşallah.
b Seksen bin beş yüz.

5. Dükkanda bir şey var mı?
a Bir şey değil.
b Bir şey yok.

2. Wie viele Kilometer trennen Istanbul von ...

... den Prinzeninseln? «On beş.»

1. den Prinzeninseln: 15 **2.** Şile: 71 **3.** İzmit: 95 **4.** Edirne: 149 **5.** İzmir: 332 **6.** Trabzon: 920 **7.** Van: 1270 **8.** München: 1567 **9.** dem Mond: 385.000

3. Fragen Sie, ob es das gibt:

«Halı var mı?»

1. Teppiche – halı
2. Basar – pazar
3. Moschee – cami
4. Laden – dükkan
5. Tür – kapı
6. Freund – arkadaş

4. Sagen Sie's auf turkisch:

1. Sind Teppiche da? **2.** Ist dort ein Basar? **3.** Dort gibt es keine Teppiche. **4.** Es gibt keine fünfzig Millionen. **5.** Gibt es Geschwister? **6.** Ist ein Freund da?

5. Fragen Sie, ob alles so ist:

«Her şey pahalı mı?»

1. pahalı **2.** ucuz **3.** güzel **4.** kaliteli **5.** kapalı **6.** öyle **7.** şöyle böyle

Marktpreise

Fast immer werden Kilopreise genannt.
Oft sind sie auch angeschrieben.

satış Verkauf [s (-Preis)] **alış** Einkauf [s (-Preis)]

5 Lesen

Feilschen

Sie halten sich an der Rechten fest umklammert. Die Augen starr aufeinander gerichtet, lassen sie Angebot und Gegenangebot hin- und hergehen, während sich ein jeder dem Griff des anderen halbherzig zu entwinden versucht. Der Hammel, einem der beiden Männer zwischen die Beine geklemmt, scheint genau zu wissen, worum es geht. Ergeben hält er den Kopf gesenkt, und dann ist es soweit: Ein letzter Betrag, eine Linke, die den Klammergriff der beiden rechten Hände durchschlägt, und der Handel ist so gültig wie jeder schriftliche Vertrag.

Auch wenn es nur selten noch so handgreiflich zugeht wie hier auf dem Viehmarkt *(hayvan pazarı)*, das Feilschen *(pazarlık)* sitzt so tief, daß staatliche Verfügungen und Festpreise nur schwer dagegen ankommen. *Pazarlık* bedeutet schließlich ganz einfach nur das normale Aushandeln des Preises, war also in alter Zeit ein natürliches Marktregulativ, gebremst allein vom islamischen Ehrenkodex und nur ganz selten von den Behörden, beispielsweise in Notzeiten. So kennt *pazarlık* auch viele Spielarten. Schon das Kosten, das Befühlen der Ware gehört dazu. Etwas, das bei einem mitteleuropäischen Lebensmittelhändler das blanke Entsetzen hervorriefe. Die Tomaten mögen noch so unmißverständlich ausgezeichnet sein: Ist die eine zu hart, die andere zu weich, zu fad oder leicht angegammelt, läßt der Händler vielleicht immer noch mit sich reden, und sei es, daß er zum gleichen Preis noch eine drauflegt. Überhaupt ist dieses Drauflegen, Etwas-Ausgeben *(ikram)* ein Grundzug eines guten *pazarlık*. Auch der bei jeder Gelegenheit angebotene Tee gehört dazu, eine Einstimmung gewissermaßen, ein Sich-gewogen-Machen des Kunden, das vielleicht erst Tage oder Wochen später Früchte trägt. *«Bir fincan kahvenin kırk yıl hatırı var»*, heißt es im Türkischen: Ein Täßchen Kaffee kann sich noch nach vierzig Jahren bezahlt machen! Und darum: Zeit lassen! Und vor allem: Sich durch die zahllosen *ikram* (etwa beim Teppichhandel) niemals verpflichtet fühlen!

Bei moderner, fremdverpackter Ware mit aufgedrucktem Preis wird es freilich heikel, besonders in Läden, in denen alles nur noch über Angestellte läuft. Hier noch etwas auszuhandeln, ist fast schon ein Ding der Unmöglichkeit, es sei denn, man kauft en gros *(toptan)*. Etwas anderes ist es, wenn man dem Hersteller persönlich gegenübersteht, und dann natürlich im Tourismus. Wer da nicht feilscht, ist selber schuld. Bis zu fünfzig Prozent Nachlaß ist ohne weiteres drin. Gilt doch fast immer: Bei Ausländern klettern die Preise ums Doppelte, selbst beim Schuhputzer *(boyacı)*.

portakal *Orange*
mis gibi *herrliches Aroma (wörtl.: Moschus wie)*
gibi *wie*
kilo Kilo
kilosu *1 Kilo vom Genannten*
olmaz *geht nicht!, ausgeschlossen!*
olur *das geht, ist möglich*
peki *in Ordnung!*
olsun *soll so sein, schon recht!*
kavun *Zuckermelone*
kavunlar *Zuckermelonen*
tane *Stück*
tanesi *ein Stück vom Genannten*
kaç? wieviel? (zählbare Einzelstücke)
yeter *genug*
başka *ander-, verschieden; was noch?*
eski *alt*
kilim *Kelim, Flachgewebe*
ikisi *beide davon*
indirim *Preisnachlaß*
yazık *schade*

mein, dein, sein

werden durch Anhängsel ausgedrückt.
Es gilt die große Vokalharmonie:

nach Konsonanten			
mein	**-im (-üm, -ım, -um)**	**kardeşim**	mein Bruder
dein	**-in (-ün, -ın, -un)**	**adın**	dein Name
sein, ihr	**-i (-ü, -ı, -u)**	**arkadaşı**	sein Freund
unser	**-imiz (-ümüz, -ımız, -umuz)**	**evimiz**	unser Haus
euer, Ihr	**-iniz (-ünüz, -ınız, -unuz)**	**adınız**	euer Name
ihr	**-leri (-ları)**	**evleri**	ihr Haus
nach Vokalen			
mein	**-m**	**halım**	mein Teppich
dein	**-n**	**teyzen**	deine Tante
sein, ihr	**-si(-sü, -sı, -su)**	**kilosu**	sein Kilo
unser	**-miz (-müz, -mız, -muz)**	**paramız**	unser Geld
euer, Ihr	**-niz (-nüz, -nız, -nuz)**	**arzunuz**	Ihr Wunsch
ihr	**-leri (-ları)**	**torbaları**	ihr Beutel

tanesi	**Stück davon**
Kavunlar iyi.	Die Honigmelonen sind gut.
Tanesi ne kadar?	Das Stück davon zu wieviel?

Es ist zwar klar, wovon die Rede ist.
Doch muß das ausgedrückt werden:
tane + si: sein Stück, das Stück von dem gerade Genannten.

Genauso funktionieren:

kilo – kilosu	Kilo
hangi – hangisi	welcher, welche, welches
iki – ikisi	beide

Achtung: Große Vokalharmonie.

5 Reden

Auf dem Markt

Portakal! Mis gibi!	Orangen! Herrliches Aroma!
Kilosu ne kadar?	*Das Kilo davon zu wieviel?*
Üç kilo otuz beş bin!	Drei Kilo 35 000!
Bir kilo olmaz mı?	*Ist ein Kilo nicht möglich?*
Olur. Bir kilo yirmi bin!	Geht schon. Ein Kilo 20 000!
Peki. Üç kilo olsun.	*Schön. Sollen's drei Kilo sein.*

Buyurun! Buyurun!	Bitte schön! Bitte schööön!
Kavunlar iyi mi?	*Sind die Zuckermelonen gut?*
Evet kardeşim, çok iyi.	Ja, meine Liebe, sehr gut.
Tanesi ne kadar?	*Das Stück davon zu wieviel?*
Kilosu yirmi sekiz bin! Kaç tane?	Das Kilo 28 000! Wieviel Stück?
İki tane.	*Zwei Stück.*
Üç tane olsun mu?	Sollen es drei Stück sein?
İki tane yeter.	*Zwei Stück sind genug.*
Peki. Başka?	In Ordnung. Was noch?
Yeter. Teşekkür ederim.	*Es ist genug. Danke schön.*

Affedersiniz, eski kilim var mı?	Verzeihung, haben Sie alte Kelims?
Var. İki tane.	*Ja. Zwei Stück.*
Oh. İkisi de güzel.	Ei. Sind ja beide schön! (die zwei von den zweien ja schön)
Evet, ikisi de çok eski.	*Ja, beide sind sehr alt.*
Hangisi ucuz?	Welcher ist billig? (welcher von den beiden)
Eski kilimler ucuz değil.	*Alte Kelims sind nicht billig.*
İndirim olmaz mı?	Ist ein Preisnachlaß nicht drin?
Olmaz. Eski kilimlerde indirim yok.	*Ausgeschlossen. Bei alten Kelims gibt's keinen Nachlaß.*
Yazık!	Schade!

Anhängsel -ler/-lar

bilden die Mehrzahl,
wenn einem dabei die Einzelstücke vorschweben.

kavunlar	Zuckermelonen (die hier)
halılar	Teppiche (die hier)

Üben

1. Bilden Sie die Mehrzahl:

1. halı **2.** çarşı **3.** portakal **4.** kardeş **5.** kız **6.** memleket
7. kilim **8.** kavun **9.** bey **10.** hanım

2. Was gehört zusammen?

1. olur	**a** schade
2. kaç tane	**b** unser Bruder
3. kardeşiniz	**c** möglich
4. yazık	**d** euer Bruder
5. mis gibi	**e** wieviel Stück
6. olmaz	**f** herrliches Aroma
7. kardeşimiz	**g** ausgeschlossen

3. Beantworten Sie Ihre Frage nach der Ware mit «Ja!», und nennen Sie den Stückpreis:

«Affedersiniz, kilim var mı?» «Evet, tanesi bir milyon.»

1. kilim: 1.000.000 **2.** halı: 3.254.000 **3.** kavun: 25.265
4. ucuz bir şey: 95.000 **5.** kaliteli bir şey: 873.000

4. Übersetzen Sie mit dem Anhängsel auf Seite 41:

1. mein Bruder **2.** deine Orange **3.** Ihre Tante **4.** seine Tanten
5. sein Teppich **6.** beide **7.** deine Name **8.** eure Freunde
9. was kostet Ihr Haus?

Mehrzahl

Sie steckt eigentlich schon in der Grundform drin:

Halı var mı? sowohl: Gibt es Teppiche?
als auch: Gibt es einen Teppich?

Nach Zahlwörtern steht deshalb immer die Grundform.

İki halı var mı? Gibt es zwei Teppiche?

Der *bakkal*

Es ist 23 Uhr. Beim Krämer *(bakkal)* brennt immer noch Licht. Şevket Sezer, der Ladeninhaber, sitzt hinter seinem Schreibtisch. Seit einer halben Stunde versucht er vergeblich, eine Verbindung nach Istanbul herzustellen. Das Telefon, ein vorsintflutlicher Apparat aus schwarzem Bakelit, ist der einzige Anschluß für Ferngespräche im Dorf. Dann, er hat den Hörer nur einen Augenblick auf die Gabel zurückgelegt, klingelt es plötzlich. Es ist Latife hanım, die Frau eines der beiden Männer im Laden, die nach Istanbul zu telefonieren versuchen. «Ferit!» sagt Şevket. «Nimm für deine Frau noch ein Kilo Zucker mit. Und geh doch rasch mal rüber ins Teehaus. Ahmet soll sofort nach Hause kommen.»

Şevket Sezer führt den Laden seit zwanzig Jahren. An Szenen wie diese ist er gewöhnt. Verkaufen, Besorgungen machen, Nachrichten weiterleiten – die Funktionen des *bakkal* sind nahezu unbegrenzt. Neben dem Telefon steht ein Karton voller Briefe und Postkarten. Briefträger gibt es in den Dörfern nicht: Die Post wird beim *bakkal* aufgegeben und abgeholt.

Das Verhältnis des *bakkal* zu seinen Kunden ist höchst persönlich. Der Kundenkreis ist aufs engste abgesteckt, seine Treue wird durch stete Dienstbereitschaft vergolten. So kann man im Viertel nicht nur bis tief in die Nacht einkaufen, es wird auch so mancher Sonderwunsch erfüllt und die Ware zugestellt. Wer schon einmal die alten Wohnviertel Istanbuls durchstreift hat, wird die Körbe bemerkt haben, die an langen Schnüren von den oberen Stockwerken baumeln. Ein guter *bakkal* weiß genau, womit er sie zu füllen hat. Morgens zum Frühstück, oder auch über den Tag, wenn zuerst ein Anruf kommt und gleich darauf der Korb heruntergelassen wird, ein Zettel mit den Bestellungen darin und die Geldbörse.

Mit Körben hat Şevket Sezer im Dorf natürlich nichts zu schaffen. Er schickt schon eher einen Laufburschen, Kinder kommen ja genug. Dem Knirps, der sich einen Kaugummi kauft, den Mädchen, die sich ein Tütchen Erdnüsse abwiegen lassen, wird die Bestellung für irgend jemanden im Dorf gleich mitgegeben. Ferits Anschluß ist mittlerweile zustande gekommen. Das Päckchen Zucker unterm Arm, macht er sich auf den Nachhauseweg. Şevket zieht aus der Schreibtischschublade ein dickes Buch hervor. *«Hesabıma yazar mısın?!»* (Schreibst du's mir bitte auf die Rechnung!) ruft ihm Ferit noch zu. «Ja, ja!» seufzt Şevket. «Das ist sicher der größte Nachteil: Anschreiben lassen sie alle.»

arzu *Wunsch*

arzunuz? *Sie wünschen? (Ihr Wunsch)*

büyük *groß*

torba *Beutel, Einkaufstasche*

için *für*

eşya *Sachen*

bu *dieser, diese, dieses*

daha *noch (zur Bildung des Komparativs)*

Türk *türkisch, Türke, Türkin*

mal *Ware*

Türk malı *türkisches Produkt*

yabancı *ausländisch, Ausländer, fremd*

lâzım *brauchen, erforderlich*

para *Geld*

bozuk *kaputt, verdorben*

bozuk para *Kleingeld*

ne yapalım? *was sollen/wollen wir tun? auch: was können wir schon machen?*

geçmiş olsun! *gute Besserung!*

toplam *insgesamt, Gesamtsumme*

banka *Bank*

maalesef *leider*

haben

Gibt kein eigenes Wort dafür. Die Anhängsel von «mein, dein, sein» werden mit **var** oder **yok** kombiniert:

Param var.	Ich habe Geld (wörtl.: Mein Geld ist vorhanden.)
Paramız yok.	Wir haben kein Geld (wörtl.: Unser Geld ist nicht ...)
Paranız var mı?	Habt ihr Geld (wörtl.: Euer Geld, ist es vorhanden?)
Paranız mı var?	Habt ihr etwa Geld (**«mı»** kann man vom Satzende in den Satz hereinholen, wenn man ein Wort – hier: «Geld» – besonders hervorheben möchte.)

ist, sind

In der Umgangssprache oder bei subjektiven Äußerungen muß man sich die 3. Person von «sein» meist nur dazudenken:

Bu ne? Diese (ist) was?

6 Reden

Beim Krämer

Hoş geldiniz. Arzunuz?	Willkommen. Sie wünschen?
Hoş bulduk. Büyük bir torbanız var mı?	*Tag. Haben Sie eine große Tüte?*
Var. Ne için?	Ja. Wofür?
Eşyalarım için.	*Für meine Sachen.*
Bu nasıl?	Wie ist diese?
Daha büyük yok mu?	*Gibt's keine größere?*
Var. Buyurun.	Doch. Bitte sehr.
Evet. Bu daha iyi.	*Ja. Die ist besser.*

Bu ne?	Was ist das?
Aspirin.	*Aspirin.*
Türk malı mı?	Ein türkisches Produkt?
Yabancı! Daha iyi!	*Ausländisch! Ist besser.*

Aspirin var mı?	Gibt's Aspirin?
Kaç tane lâzım?	*Wieviel brauchste?*
İki tane.	Zwei Stück.
Peki. İki tane iki bin.	*Schön. Zwei Stück zweitausend.*
Buyurun, on bin.	Bitte schön, zehntausend.
Bozuk para yok mu?	*Hast du kein Kleingeld?*
Yok. Ne yapalım?	Nein. Was sollen wir tun?
On tane olsun. Geçmiş olsun.	*Soll'ns zehn sein. Gute Besserung.*

Toplam ne kadar?	Was macht das zusammen?
Toplam üç milyon beş yür bin!	*Zusammen dreieinhalb Millionen.*
Param yok.	Ich habe kein Geld.
Dolar, Mark da olur.	*Dollar, Mark gehen auch.*
Dolarım, Markım da yok.	Ich habe auch nicht Dollar und Mark.
Nasıl? Bankada paran yok mu?	*Wie? Hast du kein Geld auf der Bank?*
Maalesef.	Leider nicht.
Allah, Allah!	*Allah, Allah!*

Der spricht das:

Türk	Türkçe	Türkisch
Alman	Almanca	Deutsch
İngiliz	İngilizce	Englisch
Tarzan	Tarzanca	holpriges Türkisch

Üben (6)

1. Welche Antwort paßt?

1. Toplam ne kadar?
   a İki yüz elli bin.
   b Türk malı.

2. Kaç tane?
   a Geçmiş olsun.
   b Yirmi tane olsun.

3. Bankada ne var?
   a Portakal.
   b Para.

4. İndirim olmaz mı?
   a İçin.
   b Olur.

5. Yabancı paranız var mı?
   a Halı var.
   b Dolar var.

2. Sie werden gefragt und bedauern:

«Bozuk paranız var mı?» «Maalasef, bozuk param yok!»

1. bozuk para **2.** Türk para **3.** yabancı mal **4.** Türk arkadaş **5.** kız **6.** evler **7.** teyze **8.** eski halılar **9.** ucuz bir şey

3. Vergleichen Sie die Türkei mit zu Hause: pahalı daha pahalı.

«Türkiye'de her şey pahalı. Memleketimde her şey daha pahalı.»

1. her şey pahalı **2.** kavunlar büyük **3.** mal kaliteli **4.** kızlar güzel **5.** halılar eski **6.** bankalar büyük

4. Wie fragen Sie?

1. im Laden: nach einer großen Einkaufstasche?
2. auf dem Markt: nach besseren Orangen?
3. an der Kasse: nach der Gesamtsumme?
4. im Fachgeschäft: ob die Ware aus dem Ausland kommt?
5. beim Juwelier: ob auch Dollars gehen?
6. den Verkäufer: was das wohl ist, was er Ihnen da andrehen möchte?

(Z) Alle Wörter

Sachen und Plätze

Teppich
halı

etwas
bir şey

Sachen
eşya

Orange
portakal

Zuckermelone
kavun

Tüte, Beutel
torba

alles
her şey

Ware
mal

Geld
para

Kleingeld
bozuk para

Basar
çarşı

überdachter Basar
kapalı çarşı

Goldschmied
kuyumcu

Bank
banka

Preisnachlaß
indirim

dort
orada

Fragen und Verben

welcher, welche?
hangi?

wieviel? (Stück)
kaç?

sonst noch?
başka?

was machen wir?
ne yapalım?

geht nicht
olmaz

geht, möglich
olur

es gibt
var

es gibt nicht
yok

ist nicht
değil

es ist genug
yeter

Eigenschaften

geschlossen
kapalı

wie
gibi

billig
ucuz

teuer
pahalı

kaputt
bozuk

hochwertig
kaliteli

alt
eski

groß
büyük

Formeln

in Ordnung
peki

schade
yazık

erforderlich
lâzım

leider
maalesef

herrlich duftend
mis gibi

insgesamt
toplam

Drum und Dran

Kilo
kilo

Wunsch
arzu

für
için

noch, noch mehr
daha

Türke, türkisch
Türk

dieser, diese
bu

Ausländer, fremd
yabancı

mein etc.
-im, -üm, -ım, -um

Plural-Anhängsel
-ler/-lar

Anhängsel -ci (-cü, -cı, -cu)
verhilft im Handumdrehen zu einer Berufsbezeichnung

Wollen Sie	so gehen Sie zum
deri – Leder	**derici** – Lederhändler
yün – Wolle	**yüncü** – Wollhändler
gazete – Zeitung	**gazeteci** – Zeitungsverkäufer; Journalist

Achtung: Konsonantenwechsel!

c → ç

Türkisch will schon klingen. Nicht nur die Vokale, auch die Konsonanten sollen zusammenpassen. Achten Sie darum auf die (stimmlosen) Konsonanten in:

hay**f**i**ş** + **p**o**st**ku**ç**e

Will man ein Anhängsel an so einen Konsonanten ankoppeln, wird **«c»** zu **«ç»**

kitap (Buch)	**kitapçı** (Buchhändler)
kumaş (Tuch)	**kumaşçı** (Tuchhändler)

bu, şu, o

	EZ	MZ
dieser, diese, dieses	**bu**	**bunlar**
dieser da etc.	**şu**	**şunlar**
jener, jene, jenes	**o**	**onlar**

Geld

Alman markı bozdurmak istiyorum.	Ich möchte Deutsche Mark umtauschen.
nakit	bar
çek	Scheck
kazık / kazık yedim	Nepp / bin geneppt worden

Ⓩ Hier fehlt's

Zeigen Sie, was Sie gelernt haben! Sie dürfen auch – wenn's nicht anders geht – auf der nächsten Seite spicken:

Pazarda – Im Basar

.... geldiniz, Serdar bey.
.... *bulduk, Ayşe ....*
Kardeşim için bir şeyiniz var ....?
Var. Portakal .... çok iyi. Mis gibi.
Öyle mi? Kilo .... ne kadar?
Üç kilo yirmi beş bin.
Peki. Üç kilo ....
Buyurun. ....?
Kavunlar da güzel.
Evet. .... tane?
Bir tane yeter.
Peki bir .... kavun, üç kilo portakal.
Toplam .... kadar?
Toplam kırk beş bin.

Halıcıda – Beim Teppichhändler

Eski kilim .... mı?
Maalesef. Eski kilim ....
Yazık. .... var?
Çarşıda.
.... çarşıda?
Kapalı çarşıda.
Orada banka da var ....?
.... şey var. Para mı lâzım?
Evet.
Ne ....?
İki bin Mark.
Maşallah! Kilim .... mi?
Evet. Kaliteli kilim .... ucuz değil.
Allah, Allah!
Ne var?
Teyzem. .... bir kilim var.
Eski ....?
Çok!
Pahalı ....?
Hayır. İki bin!

Hier steht's

Hören Sie sich die Dialoge an. Vergleichen Sie die Lösungen, die Sie gefunden haben, und plappern Sie einfach nach:

Bakkalda – Beim Krämer

Hoş geldiniz, Durmuş bey.
Hoş bulduk, Hatice hanım.
Kızım için bir şeyiniz var mı?
Var. Portakallar çok iyi. Mis gibi.
Öyle mi? Kilosu ne kadar?
Beş kilo kırk bin.
Peki. Beş kilo olsun.
Buyurun. Başka?
Kavunlar da güzel.
Evet. Kaç tane?
Bir tane yeter. Torbam çok büyük değil.
Peki. Bir tane kavun, beş kilo portakal.
Toplam ne kadar?
Toplam altmış bin.

Halıcıda – Beim Teppichhändler

Eski halı var mı?
Maalesef. Eski halımız yok.
Yazık, nerede var?
Çarşıda.
Hangi çarşıda?
Kapalı çarşıda.
Orada banka da var mı?
Her şey var. Para mı lâzım?
Evet.
Ne kadar?
İki bin Mark.
Maşallah! Halı için mi?
Evet. Kaliteli halılar ucuz değil.
Allah, Allah!
Ne var?
Teyzemde bir halı var.
Eski mi?
Çok!
Pahalı mı?
Hayır. İki bin!

(Z) # Prüfstand

1. Welcher Satz ist falsch?

1a Eski halı var mı?

1b Eski halı var mu?

2a Bu kilim güzel yok.

2b Bu kilim güzel değil.

3a Bozuk paraniz var mı?

3b Bozuk paranız var mı?

4a Ne kadar tane lâzım?

4b Kaç tane lâzım?

5a Türkler çok büyük değil.

5b Türklar çok büyük değil.

2. Haben Sie aufgepaßt?

1. Die *Lira* ist

a ein türkischer Liederabend.
b ein Saiteninstrument.
c die amtliche türkische Währung.

2. *Pazar* heißen

a die Altstädte.
b die persischen Händler.
c die Wochenmärkte.

3. Läden derselben Art sind

a über die ganze Stadt verteilt.
b kaum zu finden.
c meistens in einer Straße konzentriert.

4. Tarzanisch *(Tarzanca)* bedeutet:

a ungehobelt.
b radebrechend.
c sinnenfroh.

5. Auf den Preisschildern der Marktstände

a stehen Kilopreise.
b stehen Pfundpreise.
c stehen Brutto- *(alış)* und Nettopreise *(satış)*.

Prüfstand (Z)

3. Rätsel

1. Ziert die Vorderseite aller Banknoten.
2. Ausruf bewundernden Erstaunens.
3. Dienstbarer Geist im Wohnviertel.
4. Harmonie stiftende Institution in die Zukunft.
5. *Berber* macht sich ganz oben, der sich ganz unten zu schaffen.

4. Wie sagen Sie's auf türkisch?

1. Gute Besserung! **2.** Zwei Stück sind billiger. **3.** Wieviel Stück sind erforderlich? **4.** Welcher Goldschmied ist billiger? **5.** Was sollen wir machen? **6.** Es sollen sieben Kilo sein. **7.** Auf der Bank gibt es kein Kleingeld.

5. Was paßt: a, b, c?

1. Kilosu ...?
- **a** olmaz mı
- **b** ne kadar
- **c** neresinden

2. Bu torba ... için lâzım?
- **a** kaç
- **b** nerede
- **c** ne

3. Dört ... ne kadar?
- **a** gibi
- **b** peki
- **c** tane

4. Büyük bir şey ... güzel.
- **a** daha
- **b** her
- **c** başka

5. Para... yok.
- **a** -ı
- **b** -su
- **c** -sı

6. Yazık! Bu mal ...
- **a** güzel
- **b** bozuk
- **c** mis gibi

7. Yabancı para da ... mu?
- **a** olur
- **b** olmaz
- **c** arzu

Was meine Herberge betrifft, bin ich der Ansicht, daß in Reisebüchern zuviel Raum dem allgemeinen Sklaventum des Lebens auf Reisen gewidmet wird – ich tue dieses Thema also ab, indem ich nur einen hübschen, mit bemalten Holzwänden und Arkaden versehenen Hof erwähne, zu dem man über eine sehr staubige Treppe gelangte. Hier, umgeben von Verfall, fand ich ein Zimmer für mich allein (immer eine schwierige Angelegenheit); und nachdem ich veranlaßt hatte, daß jemandes Aschenbecher geleert, eine frische Kanne Wasser gebracht, der Sicherheit halber das Bettzeug gewechselt und das Fenster (das mit Papier verklebt war) aufgeschlitzt wurde, hatte ich das Gefühl, daß die Nacht schließlich doch nicht so hoffnungslos sein werde.» Freya Starks «Auf den Spuren Alexanders des Großen» ist ein Klassiker, genauso wie ihre anderen Reisebücher über die Türkei. Die Zustände, die sie da beschreibt, stammen jedoch nicht aus dem letzten Jahrhundert, sondern aus den fünfziger Jahren. Und seien wir ehrlich: Noch bis Anfang der Achtziger hatte sich daran wenig geändert. Doch dann begann ein Märchen. Ministerpräsident Turgut Özal berührte sein Land mit dem Zauberstab, und die halbe Nation schrak aus jahrhundertealtem Schlaf, um wie verrückt Hotels zu bauen. Fazit nach einem Jahrzehnt? Die Zahl der Besucher stieg von einer auf bald zehn Millionen, der Umsatz im Fremdenverkehr wuchs von 400 Millionen Dollar auf sechs Milliarden, der freie unbebaute Küstenstreifen schmolz von 8000 Kilometer auf eine 200 Meter breite Bucht bei Assos, die İbrahim amca, Allah möge es ihm lohnen, bis heute nicht verkauft hat.

Der Tourismus hat aber nicht nur zerstört, sondern auch Infrastruktur geschaffen. So kann man mittlerweile selbst in den entferntesten Provinzen brauchbare Unterkünfte finden. In den touristischen Zentren, vor allem an den westlichen Küsten, sollte man gar anfangen, westeuro-

päische Maßstäbe anzulegen. Die Einschränkungen umschreibt Başaran Ulusoy, Vorsitzender der türkischen Reisebürovereinigung (Tursab), wie folgt: «Der Çırağan-Palast (eines von İstanbuls ersten Hotels) – fünf Sterne! Die Straßen drumherum – drei Sterne! Mülltonnen – zwei Sterne! Hotelpersonal – ein Stern!» Sterne zu vergeben, ist ein Privileg des eigens eingerichteten Tourismusministeriums. Ovale Tafeln mit dem hethitischen Sonnensymbol, je nachdem mit einem bis fünf Sternen versehen, signalisieren dem Gast, daß es hier seriös und vertraut zugeht. Sprich: keine Hock- *(alaturka tuvalet)*, sondern Sitzklos *(alafranga tuvalet)*, Alkoholausschank und ein Mindestmaß an Professionalität. Fehlen die Tafeln, sind die Hotels mit großer Wahrscheinlichkeit auf die Bedürfnisse von Freya-Stark-Nostalgikern, Handlungsreisenden oder,

wie gerade in letzter Zeit, auf die Heerscharen ehemaliger Ostblockbewohner zugeschnitten. Der Kellner, der das Salatblatt vom Teppich aufhebt und auf den Teller zurücklegt, regt hier keinen auf, außer den Tursab-Vorsitzenden.
Aber man muß ja nicht unbedingt im *otel* übernachten. Einheimische Urlauber fragen sich sowieso, wie sie die an Dollar oder DM ausgerichteten Preise bezahlen sollen. Traditionell fahren sie in der Sommerfrische eher in die kühleren Berge, doch der Traum moderner Türken ist zweifellos eines jener unzähligen Ferienappartements am Meer, deren Anblick einen Seefahrer früherer Zeiten wohl an eine geschlossene Landmauer hätte denken lassen. Von Juni bis Anfang September sitzt hier die neue Mittelschicht, umgeben von einer kompletten Infrastruktur. Zu ungetrübten Ferienfreuden gehört, daß alles unmittelbar vor Ort ist und man sich möglichst wenig bewegen muß. Dies erklärt wohl auch die Vorliebe für Feriendörfer *(tatil köyü)* mit Pauschalarrangements (was Türken laut Statistik mit den deutschen Türkeiurlaubern teilen) und für die preiswerteste Form eines Urlaubs: die Familienpension *(aile pansiyonu)*. Für vielleicht zehn Mark pro Kopf (bei längeren Aufenthalten Verhandlungssache) kann man sich hier in den hauseigenen Küchen *(mutfak)* selbst verköstigen. Gerade solche Pensionen gibt es reichlich. Vom Staat in drei stets ausgehängte Preisklassen unterteilt, sind sie nicht selten gemütlicher und hübscher als so manches Hotel.
Informationsbüros *(Turizm bürosu)*, nahezu überall vorhanden, führen mehrsprachige Broschüren zu allen wichtigen Fragen. Verzeichnisse sämtlicher lizenzierter Hotels und Pensionen erwähnen auch Motels und Campingplätze *(kamping)*, letztere sind noch wenig verbreitet. Bei allen Unterkünften gilt grundsätzlich: Außerhalb der Zentren und nach Osten hin nehmen Anzahl und Qualität spürbar ab.
Dienstleistungen jeder Art sind mit einem Trinkgeld *(bahşiş)* zu vergelten. Der kleine Junge, der einem eine besonders schöne Pension zeigen möchte, Kofferträger und Zimmermädchen, Platzanweiserinnen im Kino oder hilfsbereites Wachpersonal *(bekçi)* auf Parkplätzen und Ruinenstätten – als Familienangehörige arbeiten sie umsonst, als Angestellte für ein Nichts. *Bahşiş* – von den Arbeitgebern beim Zahlen der Löhne geradezu einkalkuliert – ist so selbstverständlich, daß es gar nicht immer ausdrücklich eingefordert, aus reiner Höflichkeit vielleicht sogar zurückgewiesen wird. Ausländer sollten dies nicht ausnützen.

Latein: rezervasyon – enflasyon – pansyon – direksiyon
Die Türken scheuen sich nicht vor einer eigenständigen Schreibung.

boş *leer, unbesetzt*

oda *Zimmer*

çift *Paar, doppelt*

tek *einzeln, Einzel-*

yatak *Bett*

yataklı *versehen mit Bett*

dakika *Minute*

bir dakika *einen Moment*

banyo *Bad*

banyolu *versehen mit Bad*

bakalım *mal seh'n!, wir wollen schauen*

rezervasyon *Reservierung*

nereden? *woher?, von wo?*

geliyorsun *du kommst*

geliyorsunuz *Sie kommen, ihr kommt*

-den/-dan *Anhängsel «von»*

anahtar *Schlüssel*

pasaport *Paß*

tabii *natürlich, gewiß*

imza *Unterschrift*

gün *Tag*

harika *super, toll, wunderbar*

-li, -lü, -lı, -lu

Anhängsel, macht Substantiv zum Adjektiv

indirim – indirimli	mit Preisnachlaß = ermäßigt
sabun – sabunlu	mit Seife = seifig

Herkunft

İstanbul – İstanbullu	der Istanbuler
Münih – Münihli	der Münchner

... mi, ... mi?

«oder» wird durch nachgestelltes mi (mı, mu, mü) ausgedrückt.

çift yataklı mı, tek yataklı mı?	Doppelbett oder Einzelbett?
Muşlu mu, Romalı mı, Münihli mi?	Muşer, Römer oder Münchner?

-den, -dan

Anhängsel mit der Bedeutung «von, aus».
Manchmal Ablativ oder 6. Fall genannt. Antwortet auf die Fragen:

nereden?	woher?	**evden**	vom Haus, von zu Haus
kimden?	von wem?	**Ayşe'den**	von Ayşe

Im Hotel

Merhaba, boş bir odanız var mı?	Guten Tag. Haben Sie ein freies Zimmer? (freies ein Zimmer Ihres gibt)
Çift yataklı mı, tek yataklı mı?	*(Eines) mit Doppelbett oder (eines) mit einem Bett?*
Çift yataklı olsun.	Es soll (eines) mit Doppelbett sein.
Bir dakika. Evet. Boş bir odamız var.	*Moment. Ja. Wir haben ein freies Zimmer.*
Banyolu mu?	Mit Bad?
Evet, banyolu.	*Ja, mit Bad.*
Harika.	Toll.
Kaç gün için?	*Für wieviel Tage?*
İki üç gün için. Bakalım.	Für zwei, drei Tage. Mal seh'n.

Merhaba. Bayan Schneider için rezervasyon var mı?	Guten Tag. Liegt für Frau Schneider eine Reservierung vor?
Nereden geliyorsunuz?	*Woher kommen Sie?*
Almanya'dan.	Aus Deutschland.
Evet, hanımefendi. Rezervasyon var.	*Ja, meine Dame. Es ist reserviert.*
Tek yataklı oda, değil mi?	Ein Einbettzimmer, nicht wahr?
Evet. Buyurun, anahtarınız.	*Ja. Bitte schön, Ihr Schlüssel.*
Pasaport da lâzım mı?	Ist auch der Paß erforderlich?
Tabii.	*Gewiß.*
Başka?	Was noch?
Bir imza – teşekkür ederim.	*Eine Unterschrift – danke schön.*

Odamda her şey bozuk.	In meinem Zimmer ist alles kaputt.
Hay Allah! Ne yapalım?	*Herrje! Was sollen wir machen?*
Daha güzel bir oda yok mu?	Gibt es kein schöneres Zimmer?
Başka tek yataklı odamız yok.	*Wir haben kein anderes Einbettzimmer.*
Başka ne var?	Was ist sonst noch da?
İki tane üç yataklı odamız var.	*Wir haben zwei Dreibettzimmer.*
Olsun. Bir gün için olur. Hangisi daha ucuz?	Sei's drum. Für einen Tag geht es. Welches (von beiden) ist billiger?
İkisi de ucuz. On beş Dolar.	*Beide sind billig. Fünfzehn Dollar.*
Peki. Anahtarlar nerede?	Schön. Wo sind die Schlüssel?
Kapılarda.	*An den Türen.*

Üben

1. Sagen Sie, woher Sie kommen:

«Banyo*dan*.»

1. banyo **2.** ev **3.** memleketim **4.** oda **5.** Türkiye **6.** yatak

2. Fragen Sie nach der Anzahl und Besonderheit der Zimmer:

«Kaç tane indirimli odanız var?»

1. indirim **2.** anahtar **3.** kilim **4.** rezervasyon **5.** dört yatak **6.** halı
7. banyo **8.** çift kapı

3. Welche Frage paßt zur Antwort?

1. Tabii.	**a** Odalarınız banyolu mu?	**b** Kaç gün için?
2. On beş . Dolar	**a** Ne yapalım?	**b** Üç yataklı oda ne kadar?
3. Kapıda.	**a** Pasaportunuz nerede?	**b** Anahtarınız nerede?
4. Yataktan.	**a** Başka?	**b** Nereden geliyorsunuz?
5. Olmaz.	**a** Çift yataklı oda olur mu?	**b** Çift odalı yatak olur mu?

4. Auf türkisch:

1. Woher kommen Sie? **2.** Doppel- oder Einzelbettzimmer?
3. Mit Bad soll es sein. **4.** Eine Unterschrift. **5.** Einen Moment.
6. Gewiß. **7.** Aus Frankreich. **8.** Toll.

Achtung: Konsonantenwechsel!

d → t

Denken Sie wieder an «*hayfiş*» und «*postkuçe*»! Endet ein Wort mit einem darin enthaltenen Konsonanten, wird beim Anhängsel

d → t

yatak + da	**yatakta** (im Bett)
k + dan	**yataktan** (aus dem Bett)

Mit kaum zwanzig Stundenkilometern kriecht die Lok den Südhang des Taurus hinauf. Vor ihr liegen ein paar Dutzend Brücken und Tunnels, die dramatischsten Abschnitte der einst legendären Bagdadbahn. Wer die Zeit findet, sich die Stellwerke längs der Strecke anzuschauen, kann den Namen des Herstellers noch deutlich lesen: «Maschinenfabrik Bruchsal A.G., vorm. Schnabel & Henning, 1911». Der Streckenabschnitt quer durch eines der wildesten Gebirge Anatoliens galt damals als Jahrhundertprojekt. Es markierte den Höhepunkt der deutsch-türkischen Freundschaft, der, wie der Eisenbahn auch, eine glänzende Zukunft beschieden schien.
Die Zeiten haben sich gewandelt. In Sachen Komfort und Geschwindigkeit ist die staatliche Eisenbahn mit einem Schienennetz von immerhin achttausend Kilometern weit hinter ihre Konkurrenten zurückgefallen.
Ausnahmen: die auch mit einer ersten Klasse ausgestatteten Schnellzüge *(mavi tren)* auf den Strecken von İstanbul nach Ankara, İzmir, Erzurum und Konya. Bei größeren Entfernungen ähnlich zweitrangig, zudem vergleichsweise teuer sind die drei Routen der Turkish Maritime Lines von İstanbul nach İzmir, Alanya und Trabzon. Saison ist von Mai bis Oktober, desgleichen bei Fähren *(feribot)* zu benachbarten griechischen Inseln sowie nach Zypern. Unbestreitbar Nummer eins bei Langstrecken ist das Flugzeug. Wer schon mal 40 Stunden mit Bus oder Bahn von West nach Ost unterwegs war, weiß die Vorteile der hochmodernen Flotte der Türkischen Fluggesellschaft *(Türk Hava Yolları)* zu schätzen. Die fast 1300 Kilometer Luftlinie zwischen İstanbul und Van schrumpfen zu rund drei Stunden Flugzeit für umgerechnet 150 DM. Bei höchstens zwei Maschinen täglich sind die Flüge in den Osten fast immer ausgebucht.
Wer mit dem Wagen unterwegs ist, braucht Nerven. Der Verkehr schwillt von Jahr zu Jahr immer mehr an, auch auf dem Land. Einen Privatwagen kann sich kaum einer leisten, es überwiegt ein reger Bus- und Lkw-Verkehr. Vorteil: genügend Tankstellen *(benzin istasyonu)* und Reparaturwerkstätten *(tamirci)*, letztere zumeist in Industriegebieten *(sanayi çarşısı)* am Stadtrand. Nachteil: Schlaglöcher, unbefestigte Fahrbahnränder, Tierherden, die Schreckensherrschaft anarchistisch veranlagter Truck-Fahrer. An Aufregungen herrscht kein Mangel. Wenigstens im Nahverkehr könnte man sich diese sparen, zumal das lückenlose türkische System den *dolmuş* (Sammeltaxi) hervorgebracht hat. Einzige Voraussetzung: keine Berührungsängste! *Dolmuş* heißt «voll», und tatsächlich wird erst wenn die Karre voll ist, sprich: aus den Nähten platzt, abgefahren. Der *dolmuş* kennt also keinen Fahrplan, außerhalb der Städte auch keine Haltestellen. Wer mit den Armen fuchtelt, im Wageninnern oder am Stadtrand, wird abgesetzt oder mitgenommen. Wohin, das steht auf einem Schildchen an der Windschutzscheibe.

gidiyorsun *du gehst*

gidiyorsunuz *Sie gehen, ihr geht*

-(y)a, -(y)e *als Anhängsel «hin zu, nach»*

uçak *Flugzeug*

uçakla *mit dem Flugzeug*

otobüs *Autobus*

biraz *ein wenig*

adam başı *pro Kopf/Person*

boş ver! *egal, vergiß es!*

otogar *Busbahnhof*

ne zaman? *wann?*

sonra *danach, später*

yaya *zu Fuß*

uzak *weit*

bugün *heute*

yer *Ort, Platz*

kişi *Person*

bilet *Fahrkarte*

kalkıyor *er/sie/es steht auf, fährt ab*

yolculuk *Reise*

iyi yolculuklar! *gute Reise!*

-(y)e, -(y)a

Anhängsel mit der Bedeutung «nach, zu».
Manchmal Dativ oder «3. Fall» genannt. Antwortet auf die Fragen:

nereye? wohin? **limana** zum Hafen
kime? wem? **arkadaşa** dem Freund

Achtung:
Steht ein Vokal am Wortende, dann mit «y»

gişe Schalter **gişeye** zum Schalter

ile (-le, -la)

Bedeutet «zusammen mit». Steht hinter dem Bezugswort und wird meistens damit zusammengeschrieben. Das «i» fällt dann weg:

tren + ile → **trenle** mit dem Zug

Bei Vokalen mit «y»

ne + ile? → **neyle** womit?

Unterwegs

Nereye gidiyorsunuz?	Wohin gehen Sie?
Ankara'ya.	*Nach Ankara.*
Uçakla mı, otobüsle mi?	Mit dem Flugzeug oder mit dem Bus?
Uçakla.	*Mit dem Flugzeug.*
Pahalı değil mi?	Ist es nicht teuer?
Biraz. Adam başı beş yüz bin.	*Ein wenig. Pro Person 500 000.*
Off! Bu çok para.	Meine Güte! Das ist viel Geld.
Boş ver.	*Egal.*

Nereye?	Wohin?
Otogara.	*Zum Busbahnhof.*
Ne zaman?	Wann?
Biraz sonra.	*Bald.*
Nasıl gidiyorsunuz?	Wie kommen Sie hin?
Yaya.	*Zu Fuß.*
Ne yapalım!	Was sollen wir machen!

Bursa'ya otobüsünüz var mı?	Haben Sie einen Bus nach Bursa?
Var, her gün.	*Ja, jeden Tag.*
Bugün için boş yer var mı?	Sind für heute noch Plätze frei?
Var. Kaç kişi?	*Ja. Wie viele Personen?*
İki kişi. Bilet ne kadar?	Zwei Personen. Was kostet die Fahrkarte?
Adam başı seksen bin. Toplam yüz altmış bin.	*Pro Person achtzigtausend. Zusammen hundertsechzigtausend.*
Peki. Otobüs ne zaman kalkıyor?	In Ordnung. Wann fährt der Bus ab?
Biraz sonra.	*Bald.*
Teşekkür ederim.	Danke schön.
Bir şey değil. İyi yolculuklar!	*Keine Ursache. Gute Reise!*

Achtung: Konsonantenwechsel!

Es soll harmonisch klingen. Also: Beginnt das Anhängsel mit einem Vokal, dann müssen harte Konsonanten «weich» gemacht werden.

k	→	**ğ**	(Bett)	**yatak**	**+ a**	**yatağa**	zum Bett
p	→	**b**	(Schrank)	**dolap**	**+ a**	**dolaba**	zum Schrank
t	→	**d**	(Papier)	**kağıt**	**+ ım**	**kağıdım**	mein Papier
ç	→	**c**	(Reis)	**pirinç**	**+ e**	**pirince**	zum Reis

Üben

1. Welche Antwort paßt?

1. Otogar nerede?	**a** Orada.	**b** Anahtar.
2. Nereye gidiyorsun?	**a** İstanbul'a.	**b** Stuttgart'tan.
3. Nasıl gidiyorsunuz?	**a** Yatakla.	**b** Uçakla.
4. Rezervasyon ne zaman için?	**a** Kardeşim için.	**b** Bugün için.
5. Nereden geliyorsunuz?	**a** Fransa'ya.	**b** Bursa'dan.

2. Sie erkundigen sich:

«Biraz sonra Ankara'ya gidiyorsunuz, öyle değil mi?»

1. Ankara **2.** ev **3.** Almanya **4.** Paris **5.** çarşı **6.** otogar
7. İzmir **8.** dükkan **9.** yatak **10.** uçak

3. Mit den oder mit dem?

«Uçakla mı, otobüsle mi?»

1. uçak-otobüs **2.** kardeşim-arkadaşım **3.** evim-dükkanım
4. param-eşyalarım **5.** biletlerimiz-yerlerimiz

4. Übersetzen Sie:

1. Sei's drum. **2.** Wohin gehen Sie? **3.** Wann startet das Flugzeug?
4. Jeden Tag. **5.** Wie viele Personen? **6.** Was kostet der Fahrschein?
7. Ist es nicht weit?

raus und rein

çıkış Ausgang
giriş Eingang

için

Verhältniswörter wie «für» *(için)* stehen nach dem Bezugswort:

kimin için?	für wen?
Mehmet için	für Mehmet
kaç gün için?	für wieviel Tage?

9 Lesen

Veli Bilgiç wischt sich den Schweiß von der Stirn. Der klimatisierte Mercedes-Reisebus ist voll besetzt bis auf einen Platz – neben einem Mann! Velis Problem: Sein letzter Fahrgast ist eine Frau, und Frauen neben fremde Männer zu setzen, ist indiskutabel. Nach einigem Hin und Her erklären sich endlich ein paar Leute bereit, die Plätze zu tauschen. 20.15 Uhr. Es ist höchste Zeit. Pünktlich wie immer setzt sich der Nachtbus nach İzmir in Bewegung.

Veli Bilgiç arbeitet für Çanakkale Seyahat, eine jener unzähligen privaten Busgesellschaften, die in der Türkei den Intercity-Verkehr unter sich aufteilen. Einst Busbegleiter *(muavin)*, der die Fahrgäste mit Trinkwasser und ab und zu einigen Spritzern Kölnisch Wasser *(kolonya)* versorgte, stellt er jetzt am Schalter Platzkarten aus *(numaralı bilet)*. Hier am Busbahnhof *(terminal, otogar)* von İstanbul ist sein Schalter einer von Hunderten. Das Geschrei der Anwerber ist gewaltig, unüberschaubar das Getümmel. Eingefaßt von Lokalen, Kiosken, Teehallen mit Videodarbietungen sind die *terminal* die wichtigsten und zweifellos lebendigsten Knotenpunkte des Landes. Das System ist nahezu perfekt. Äußerst preisgünstig (die rund zwölfstündige Fahrt İstanbul–İzmir für rund 30 DM), die Sitzplätze numeriert, verläßliche Abfahrtszeiten und ziemlich sichere Anschlüsse zumindest in die Hauptrichtungen. Auch bei kleineren Gesellschaften wie Çanakkale Seyahat werden fast nur noch moderne Überlandbusse eingesetzt. Wobei Veli Bilgiç nicht verhehlt, daß in puncto Service doch einige Unterschiede bestehen: «Mit Varan oder Ulusoy können wir natürlich nicht mithalten», sagt er, «dafür sind wir billiger.» Bei etwa doppeltem Preis zielen Varan und Ulusoy auf betuchtere Fahrgäste mit Flugängsten. Die Fahrer sind angehalten, besonders vorsichtig zu fahren; oft sind Toiletten an Bord, und die Raststätten, die im Zwei-, Dreistundentakt angesteuert werden, sind besonders gepflegt. Besonders angenehm: zu manchen Zeiten werden Nichtraucherbusse *(sigara içmeyenler servisi)* eingesetzt.

Zigarettenqualm und plärrende Musik sind die unangenehmsten Begleiterscheinungen von Überlandfahrten. Dafür kann man das Land nirgends so hautnah erleben. Warum die Mehrheit der Bevölkerung fast immer auf Achse ist, will einem zuerst nicht in den Kopf, sind die Türken doch durchweg glühende Lokalpatrioten. Veli gibt die Antwort: «Genau das ist es ja. Das Heimweh nach zu Hause hört nie auf: nach den Verwandten, dem eigenen Quellwasser, dem hausgemachten Käse. Aber Arbeit, gute Schulen, Krankenhäuser – die gibt es eben nur in den Metropolen. Was bleibt uns also anderes übrig, als ständig hin- und herzufahren?» Und er? Schickt man ihm auch Oliven aus seinem Dorf? «Natürlich! Das Zeug hier kann ja keiner essen.»

kalabalık *Gedränge, überfüllt*

saat *Stunde, Uhr*

saat kaç? *Wie spät? (Uhr wieviel)*

buçuk *halb (nur wenn Zahl davor!)*

geç *spät*

geç kaldık *wir sind (zu) spät dran*

fakat *aber*

kalmadı *ist alle, ausgegangen*

akşam *Abend*

sürer *dauert*

-e,-a kadar *als Anhängsel «bis»*

sabah *Morgen*

kahvaltı *Frühstück*

dahil *inklusive*

şoför *Fahrer*

mola *Rast*

inşallah *so Gott will, hoffentlich*

rahat *angenehm, bequem*

-(y)e, -(y)a kadar

Anhängsel mit der Bedeutung «bis»

räumlich:	**Bursa'ya kadar** («y», weil Vokal) bis Bursa
zeitlich:	**akşama kadar** bis zum Abend

Tageszeiten: Morgen

sabah	der Morgen
sabahları	morgens
yarın	morgen
yarın sabah	morgen früh

Abend/Nacht

akşam	der Abend
gece	Nacht
akşamları	abends
geceleri	nachts
dün	gestern
dün gece	gestern nacht

«İnecek var!»

Bedeutet «'s gibt einen, der aussteigen wird.»
Rufen Sie in Bus oder Dolmuş, wenn Sie raus möchten.

Auf dem Busbahnhof

Ne kadar kalabalık.	Was für ein Betrieb.
Evet. Saat kaç?	*Ja. Wie spät?*
Saat bir buçuk.	Halb zwei Uhr.
Otobüs saat kaçta kalkıyor?	*Wann fährt der Bus ab?*
Saat ikide.	Um zwei Uhr.
Haydi haydi, geç kaldık!	*Los, los, wir sind spät dran!*

Saat ikide otobüs var mı?	Gibt's einen Bus um zwei Uhr?
Nereye?	*Wohin?*
Edirne'ye.	Nach Edirne.
Var. Fakat yer kalmadı.	*Ja. Aber es gibt keinen Platz mehr.*
Eyvah. Başka otobüs yok mu?	Oje! Gibt's keinen anderen Bus?
Var. Bu akşam saat dokuz buçukta.	*Doch. Heute abend um halb zehn Uhr.*
Çok geç.	(Das ist) sehr spät.
Evet. Fakat otobüslerimiz çok rahat.	*Ja. Aber unsere Busse sind sehr bequem.*
Yolculuk kaç saat sürer?	Wie viele Stunden dauert die Reise?
Nereye kadar?	*Bis wohin?*
Edirne'ye kadar.	Bis Edirne.
Altı saat. Sabaha kadar sürer.	*Sechs Stunden. Es dauert bis zum Morgen.*
Bilet ne kadar?	Was kostet die Fahrkarte?
Altmış bin. Kahvaltı dahil.	*Sechzigtausend. Frühstück inklusive.*

Affedersiniz, şoför bey.	Entschuldigung, Herr Fahrer.
Buyurun?	*Bitte?*
Otogara kadar daha ne kadar sürer?	Wie lange dauert es noch bis zum Busbahnhof?
Dört saat.	*Vier Stunden.*
Mola yok mu?	Gibt's keine Rast?
Var. Bir buçuk saat sonra.	*Doch. Nach anderthalb Stunden.*
İnşallah!	Hoffentlich!

Feiertage

Während der wichtigsten Feiertage *(bayram)* ist alles an Flugzeugen, Bussen, Ferienorten restlos ausgebucht. Jeder ist gut beraten, sich zeitig um Tickets, Unterkünfte, Einkäufe zu kümmern. Vor allem zum Zuckerfest *(şeker bayramı)* am Ende des Fastenmonats *«ramazan»* (beginnt jedes Jahr elf, bei einem Schaltjahr zwölf Tage früher) und dann rund zehn Wochen später zum Opferfest *(kurban bayramı)*.

1. Wie lange dauert's?

«İzmir'e kadar ne kadar sürer?» «Bir saat kırk dakika.»

1. İzmir: 1 Stunde 40 Min. **2.** Urfa: 7 Std. **3.** çarşı: 20 Min.
4. mola: 2,5 Std. **5.** kahvaltı: 45 Min. **6.** memleketiniz: 1,5 Tage

2. Um wieviel Uhr?

«Otobüs saat kaçta kalkıyor?» «Saat ikide.»

1. otobüs: 02:00 Uhr **2.** uçak: 19:00 Uhr **3.** Hatice hanım: 05:00 Uhr
4. Erzurum'a: 16:30 Uhr **5.** kızınız: 11:00 Uhr **6.** tren: 20:30 Uhr

3. Welche Antwort paßt?

1. Boş yeriniz var mı?	**a** Kalmadı.	**b** Kalabalık.
2. Yolculuk kaç saat sürer?	**a** Saat beş.	**b** Beş saat.
3. Saat kaç?	**a** Saat bir buçuk.	**b** Saat ikide.
4. Kahvaltı ne zaman olur?	**a** Bir şey değil.	**b** Biraz sonra.
5. Nasıl gidiyorsunuz?	**a** Yaya.	**b** Mola.

4. Auf türkisch:

1. Hoffentlich. **2.** Bis wohin? **3.** Wir sind spät dran. **4.** Bis zum Busbahnhof. **5.** Um wieviel Uhr gehen Sie? **6.** Gibt's kein anderes Flugzeug?

belediye

So heißt die Stadtverwaltung. Und so steht es meistens auch auf den Bussen des öffentlichen Nahverkehrs. Diese halten auch an den Haltestellen *(durak)* nur auf ein Zeichen hin. Tickets gibt's nur an den wichtigen *durak,* nie im Bus selbst. Beim Einsteigen muß man den Fahrschein in einen Kasten neben dem Fahrer werfen. Der (Einheits-) Preis ist für lange oder kurze Strecken immer derselbe.

Alle Wörter

Zeit

Minute *dakika*

Moment! *bir dakika!*

Tag *gün*

heute *bugün*

Abend *akşam*

Morgen *sabah geç*

wann? (welche Zeit?) *ne zaman?*

Rast *mola*

später *sonra*

Uhr, Stunde *saat*

wie spät? *saat kaç?*

halb *buçuk*

spät *geç*

wir sind spät dran *geç kaldık*

Verkehr

Reise *yolculuk*

gute Reise! *iyi yolculuklar!*

zu Fuß *yaya*

Flugzeug *uçak*

Autobus *otobüs*

Busbahnhof *otogar*

du kommst *geliyorsun*

Sie kommen *geliyorsunuz*

Platz, Ort *yer*

Fahrschein *bilet*

weit *uzak*

Gedränge *kalabalık*

leer, frei *boş*

Fahrer *şoför*

du gehst *gidiyorsun*

Sie gehen *gidiyorsunuz*

Unterkunft

Zimmer *oda*

Doppel- *çift*

Einzel- *tek*

Bad *banyo*

Schlüssel *anahtar*

bequem *rahat*

Person, Leute *kişi*

pro Person *adam başı*

Unterschrift *imza*

Reservierung *rezervasyon*

Paß *pasaport*

Frühstück *kahvaltı*

Drum und Dran

toll *harika*

natürlich *tabii*

hoffentlich *inşallah*

aber *fakat*

inklusive *dahil*

ein wenig *biraz*

aus, von *-dan/-den*

dauert *sürer*

ist alle *kalmadı*

wenig *az*

woher? *nereden?*

mit *Anhängsel «ile»*

bis *-e/-a kadar*

versehen mit, aus ... (Ort) *-li (-lü, -lı, -lu)*

nach, zu *-a/-e*

sei's drum *boş ver*

startet, steht auf *kalkıyor*

mal seh'n *bakalım*

Mehr Uhrzeiten

(wie spät?) saat kaç?		saat kaçta? (um wieviel Uhr?)
saat yarım	**0 : 30**	**saat yarımda**
saat bir on iki	**1 : 12**	**saat bir on ikide**
saat bir buçuk	**1 : 30**	**saat bir buçukta**
saat bir elli beş	**1 : 55**	**saat bir elli beşte**
oder saat ikiye beş var		**oder ikiye beş kala**

Taxi

Vergleichsweise billig. Hält per Handzeichen fast überall. Ist aber nicht immer vorschriftsmäßig (weil ohne Lizenz) gelb-schwarz lackiert und mit Taxameter ausgerüstet. In diesem Fall Fahrpreis vorher aushandeln. Ansonsten auf Taxameter bestehen und auf die richtigen Lämpchen achten:

Zwei beim Nachttarif (erheblich teurer; von 24:00–6:00)
Eins beim Tagestarif (steht außerdem *«gündüz»* dran!)

Bahnhof

Bahnhof	**gar**
Bahnsteig	**peron**
Schlafwagen	**yataklı vagon**
Speisewagen	**yemekli vagon**
Gepäckaufbewahrung	**emanetçi**
erste, zweite Klasse	**birinci, ikinci sınıf**

Flughafen

Flughafen	**havaalanı**
Inlandsflüge	**iç hatlar**
Auslandsflüge	**dış hatlar**
Warteliste	**yedek listesi**
verspätet	**gecikmeli**

(Z) Hier fehlt's

Zeigen Sie, was Sie gelernt haben! Sie dürfen auch wieder auf der nächsten Seite spicken:

Otelde – Im Hotel

Merhaba. .... odanız var mı?
Bugün biraz kalabalık. .... dakika.
Tabii.
Evet. İki .... boş odamız var.
Harika. Banyolu ....?
Evet. İkisi de banyolu. .... oda?
Bir oda.
Çift yatak................. mı?
Evet. Çok pahalı .... inşallah?
Biraz. Fakat odalar................. çok rahat.
.... kadar?
Adam .... 30 Dolar. Kahvaltı dahil.
Yabancılar .... indirimli değil mi?
Hayır. Yabancılar için .... pahalı.

Otogarda – Im Busbahnhof

Marmaris'e boş .... var mı?
Saat kaç.................?
.... on beş buçukta.
Maalesef. Yer ....
Başka otobüsünüz .... mu?
Var. Fakat biraz .... kalkıyor.
.... zaman?
Bu .... saat yirmi birde.
Çok geç .... Otobüs nereden kalkıyor?
Otogar................. kalkıyor.

Hier steht's

Hören Sie die drei Dialoge von der Cassette. Vergleichen Sie die Lösungen, die Sie gefunden haben, und plappern Sie einfach nach:

Otelde – Im Hotel

Merhaba. Boş odanız var mı?
Bugün biraz kalabalık. Bir dakika.
Tabii.
Evet. İki tane boş odamız var.
Harika. Banyolu mu?
Evet. İkisi de banyolu. Kaç oda?
Bir oda.
Çift yataklı mı?
Evet. Çok pahalı değil inşallah?
Biraz. Fakat odalarımız çok rahat.
Ne kadar?
Adam başı 30 Dolar. Kahvaltı dahil.
Yabancılar için indirimli değil mi?
Hayır. Yabancılar için daha pahalı.

Otogarda – Im Busbahnhof

Antalya'ya boş yeriniz var mı?
Saat kaçta?
Saat üç buçukta.
Maalesef. Yer kalmadı.
Başka otobüsünüz yok mu?
Var. Fakat biraz geç kalkıyor.
Ne zaman?
Bu akşam saat dokuz buçukta.
Çok geç değil. Otobüs nereden kalkıyor?
Otogardan kalkıyor.

Z

Prüfstand

1. Welcher Satz ist richtig?

1a. Almanyadan geliyorsunuz, değil mi?
1b. Almanya'dan geliyorsunuz, değil mi?

2a. Otobüs saat kaçta kalkıyor?
2b. Otobüs saat kaçda kalkıyor?

3a. İki buçuk saat sonra.
3b. İki yarım saat sonra.

4a. Banyolu bir oda var mı?
4b. Banyola bir oda var mı?

5a. Yolculuk sabaha kadar sürer.
5b. Yolculuk sabahe kadar sürer.

2. Rätsel

1. Läßt jeden Bus- oder *dolmuş*-Fahrer auf die Bremse treten.
2. Macht den Dienstleistenden gewogen.
3. Natürlichste Fortbewegungsart.
4. Zustand, wenn's hoch hergeht.
5. Jeder Autoreise Anfang.

3. Was paßt?

1. Üç .... odamız var.

a sabunlu
b yataklı
c şoförlü

2. Otogara .... daha ne kadar sürer?

a yaya
b sonra
c kadar

3. Kahvaltı .... mı?

a kalmadı
b dahil
c büyük

4. Uçak iki saat .... kalkıyor.

a boş
b uzak
c sonra

5. .... 15 Dolar.

a geç kaldık
b adam başı
c ne zaman

4. Haben Sie aufgepaßt?

1. *alaturka tuvalet* ist

a ein Klo mit Mozartberieselung.
b ein Hockklo.
c Nomadenklo in gestrecktem Galopp.

2. Beim *sigara içmeyenler servisi*

a gibt's Zigaretten umsonst.
b rauchen Männer und Frauen getrennt.
c herrscht absolutes Rauchverbot.

3. In einer *mutfak* wird

a Fremden Auskunft gegeben.
b jeder Schaden am Wagen behoben
c gekocht.

4. *Varan* und *Ulusoy* heißen

a zwei berühmte Komiker.
b zwei noble Busgesellschaften.
c Hotels mit Übernachtung und Frühstück.

5. Das hethitische Sonnensymbol verweist auf

a touristische Sehenswürdigkeiten.
b Hochspannungsmasten.
c professionell geführte Hotels.

5. Auf türkisch:

1. Hoffentlich gibt's ein Flugzeug.
2. Bis Ankara gibt es keine Rast.
3. Gute Reise!
4. Der Busbahnhof ist nicht sehr weit.
5. Der Bus fährt um halb zwei Uhr ab.
6. Woher kommen Sie?
7. Der Schlüssel steckt.
8. Ist für Mehmet bey reserviert?
9. Gibt's ein Zimmer mit Bad?

Essen und Trinken

yemek, içmek

Waren Sie schon mal bekifft? In der Türkei können Sie es leicht werden. Kiffen kommt von *keyif. Keyif* ist im Orient ein Zustand tiefsten Wohlbehagens: etwas, was die Hippies der Sechziger beispielsweise durch ein Haschpfeifchen zu erreichen versuchten. Türken schaffen es jedoch auch anders, nicht zuletzt durch Tafelfreuden. Anatoliens Beitrag zu unserer Küche ist gewaltig: Kaffee, Smyrna-Feigen, Strudelteig, Gulasch, selbst die Kirsche, die wir dem römischen Statthalter und Feinschmecker Lukullus verdanken. Was immer der Orient hervorbrachte, Anatolien hat es in sich aufgenommen, in etwas sehr eigenes verwandelt und an uns weitergegeben. Aufschlußreich sind da vor allem die Regionalküchen. In Adana, wo scharf gegessen, wo weniger mit Knoblauch als mit Minze gekocht wird, macht sich arabischer Einfluß bemerkbar. *Lavaş*, ein

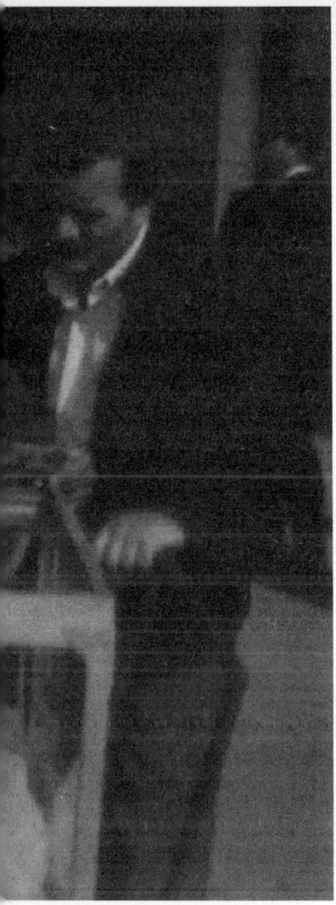

hauchdünnes Fladenbrot im äußersten Osten, ist persisch. *Bulgur*, Weizenschrot aus dem Landesinneren, dürfte man hier schon in der Steinzeit gekocht haben. Und unverkennbar griechisch inspiriert sind kalte Fisch- und Gemüsegerichte in Olivenöl *(zeytinyalılar)*. Den Türken wiederum verdankt Anatolien Reis, Joghurt und Tee. Wie ihre nomadischen Vorfahren nehmen die Bauern auch heute noch die Mahlzeiten am liebsten im Türkensitz auf dem Boden ein: im Kreis um ein rundes Tablett *(sini)*, die Unterlage aus Stoff als Gemeinschaftsserviette auf dem Schoß, mit Löffeln, Gabeln und Händen aus denselben Schüsseln essend. Europäern, denen dabei zuverlässig die Beine einschlafen, bleibt der Trost, daß in den Lokalen durchweg europäische Verhältnisse herrschen. Ungewohnt sind allenfalls gewisse Eigenarten des Islam, wie das Fehlen im Sinne des Koran verbotener *(haram)* Speisen (Schwein), die Abwesenheit von Alkohol im traditionellen Milieu, die Schwierigkeit, während des Fastens *(oruç)* im Monat *ramazan* tagsüber etwas zu essen zu finden. Freilich, selbst der Frömmste, der tags niemals eines der wenigen geöffneten, oft diskret mit einem Laken verhängten Lokale betreten würde, schiebt seinen *keyif* nur hinaus. Kaum nähert sich die Sonne dem Horizont, klemmt er sich einen jenen speziellen, mit Schwarzkümmel und Sesam bestreuten Feiertagsfladen unter den Arm, um es sich zu Hause dann um so besser schmecken zu lassen. Freunde von Obst und Gemüse kommen in der Türkei ganz besonders auf ihre Kosten. Fast überall besticht die Breite und Frische des Angebots – zu für Touristen günstigsten Preisen. Türkische Feinschmecker, die ihre Küche gerne in die Nähe der ostasiatischen und französischen rücken, beklagen indes einen Rückgang gerade der Gemüsegerichte. Fleisch ist auf dem Vormarsch, wohl ein Tribut an den wachsenden Wohlstand. Wer's hat, zeigt es gern, die Jugend auch bei McDonald's. Wo Schnellgerichte quasi zur Tradition gehören, verkörpert McDonald's, chic und vergleichsweise teuer, den Goldenen Westen.

Im Wörtchen *kahvaltı* (Frühstück) steckt deutlich *kahve* (Kaffee) drin. Trotzdem hat das eine kaum mehr mit dem anderen zu tun. An die Stelle des Kaffees, den Türken seit dem Verlust ihrer arabischen Provinzen zu teuer, ist fast uneingeschränkt der Tee (aus eigenem Anbau) getreten. Ein Glas Tee *(çay)*, sehr heiß und sehr süß, ist das einzige, worauf morgens wirklich keiner verzichten will. Kleinere Happen verteilen sich über den Vormittag. Hier etwas, dort etwas – der Magen wird nicht belastet, sondern im Zwei-Stunden-Takt verwöhnt. Anders wäre die Fülle von Köstlichkeiten kaum zu bewältigen.

Als erster öffnet der *çorbacı* (Suppenkoch), meistens um fünf. Arbeiter und Nachtschwärmer schätzen besonders Suppen aus Kuttelfleck *(işkembe)* oder Hammelfüßen *(paça)*, auf Wunsch mit Essig und Knoblauch. Nicht jedermanns Sache! Draußen werden unterdessen die ersten Backwaren ausgerufen. Ein Tablett auf dem Kopf balancierend, preisen meist Halbwüchsige frische Sesamkringel *(simit)* oder kleine Hefekuchen *(çörek)* an. Danach ist man schon wieder reif für einen Tee. Einen Ausschank mit jenen kleinen Gläsern, die nicht von ungefähr an Tulpen, sozusagen die Nationalblumen der Türkei, erinnern, findet man an jeder Ecke. Tee fließt der Bevölkerung vermutlich in den Adern, und der Teeverkäufer *(çaycı)* ist eine Institution. Immer unterwegs, beliefert er Behörden, Lokale, Büros und Geschäfte. Gegen sieben Uhr ist Einlaß in die Frühstücksstuben *(kahvaltı salonu)*, Konditoreien *(pastane)* und Speiselokale. Ein Schild im Fenster, «Hier gibt's Frühstück!» *(kahvaltı verilir)*, zeigt an, daß man hier bis zu einem gewissen Zeitpunkt mit den gängigen Schmankerln aufwartet. Wer es süß liebt, bestellt Butter und Honig mit einem Glas heißer, gezuckerter Milch. Ein Klacks Honig, ein Klacks frische Butter, auf dem Teller verrührt – herrlich! Vor allem, wenn sie einem statt der Butter frischen Rahm *(kaymak)* servieren. Wer Salziges bevorzugt, bekommt als Standardfrühstück Oliven, Käse, Tomaten und Gurken. Eier, weich *(rafadan)* oder gebraten im Pfännchen *(tavada)*, kosten extra. Extras sind auch salzige Pasteten *(börek)*, in der Regel eine Spezialität der *pastane*. An Zubereitungsarten gibt es unzählig viele: mit Käse, Ei, Würstchen; morgens am beliebtesten sind jedoch *su böreği*, eine Art Nudelauflauf, und *poğaça*, kleine Mürbeteigpasteten. Kaffee, wie ihn der Europäer kennt (in der Türkei nur Nescafé), wird man fast nirgends finden. Wer ihn braucht, um auf Touren zu kommen, muß sich schon ein Hotel suchen oder noch etwas warten, bis *muhallebici*-Lokale öffnen. Deren raffinierte Milchspeisen und Hühnergerichte leiten bereits zum Mittagessen über. Ach ja: Frisches Weißbrot, in beliebiger Menge zum Einheitspreis, gehört stets zur Grundausstattung.

istiyorum *ich möchte, will*

kahvaltı etmek *frühstücken (Frühstück machen)*

karnın aç *du bist hungrig*

kahvaltı salonu *Frühstücksstube*

açık *hell, offen*

çorba *Suppe*

içmek *trinken (auch: rauchen)*

sıcak *heiß*

bakar mısın *würdest du bitte schauen*

bakar mısınız *schauen Sie bitte*

taze *frisch*

çay *Tee*

tereyağ *Butter*

bal *Honig*

ekmek *Brot*

afiyet olsun! *wohl bekomm's!*

Infinitiv

Im Wörterbuch stehen die Verben in der Grundform.
Das heißt: Verbstamm + Endung «-mek» oder «-mak»
Ausschlaggebend wieder die Vokalharmonie:

auf «e, i, ö, ü»	folgt -mek	**içmek**	(trinken)
auf «a, ı, o, u»	folgt -mak	**bakmak**	(schauen)

Wichtig, weil die Anhängsel an den Verbstämmen kleben!

Achtung:

içmek için um zu trinken

hungrig/satt

Wo sitzt der Hunger? Richtig, im Bauch: **karın**

karn	**-ım,**	**-ın,**	**-ı,**	**-ımız,**	**-ınız**	**aç / tok**
Bauch	mein,	dein,	sein,	unser,	euer	hungrig/satt

Achtung:

karınları aç/tok Sie sind hungrig/satt

Morgens

Kahvaltı etmek istiyorum.	Ich möchte frühstücken.
Karnın aç mı?	*Bist du hungrig?*
Evet, karnım çok aç.	Ja, ich bin sehr hungrig.
Kahvaltı salonu açık mı?	*Ist die Frühstücksstube geöffnet?*
İnşallah! Çorba içmek istiyorum.	Hoffentlich! Ich möchte Suppe essen.
Çorba mı? Bu saatte?	*Suppe? Um diese Zeit?*
Evet sıcak bir çorba.	Ja, eine heiße Suppe.
Peki. Ben de istiyorum.	*In Ordnung. Ich möchte auch.*
Allah!	Allah!
Ne var?	*Was gibt's?*
Kapalı!	Geschlossen!
Ne yazık!	*Wie schade!*

Bakar mısınız!	Schauen Sie bitte!
Buyurun?	*Bitte schön?*
Taze çay var mı?	Gibt's frischen Tee?
Var.	*Ja.*
Harika! İyi bir çay içmek istiyorum.	Prima! Ich möchte frischen Tee trinken.
Evet. Nasıl olsun?	*Ja. Wie soll (er) sein?*
Açık olsun.	(Er) soll hell sein.
Tabii. Başka?	*Natürlich. Was noch?*
Tereyağ, bal var mı?	Gibt's Butter und Honig?
Her şey var.	*Es gibt alles.*
İyi. Fakat bu ekmek taze değil.	Gut. Aber dieses Brot ist nicht frisch.
Öyle mi?	*Tatsächlich?*
Evet. Kahvaltı için taze ekmek istiyorum.	Ja. Zum Frühstück möchte ich frisches Brot.
Hemen.	*Sofort.*

Başka bir arzunuz var mı?	Haben Sie einen weiteren Wunsch?
Yok, yeter. Toplam ne kadar?	*Nein, es ist genug. Was macht das alles?*
İki çay, tereyağ, bal - toplam elli beş bin.	Zwei Tee, Butter, Honig – zusammen fünfundfünfzigtausend.
Buyurun. Altmış bin.	*Bitte. Sechzigtausend.*
Teşekkür ederim. Afiyet olsun!	Danke schön. Wohl bekomm's!

saat-te?

Gut, daß Sie stutzen. Ist aber kein Druckfehler. Zwar müßte es nach den Gesetzen der Vokalharmonie **«-ta»** heißen, bei Lehnwörtern sind jene jedoch manchmal außer Kraft gesetzt.
Dennoch: Bravo, gut aufgepaßt!

1. Wie ...?

1. rufen Sie den Ober?
a Bakar mısınız!
b Afiyet olsun!

2. meckern Sie am Brot rum?
a Ekmek yeter.
b Ekmek taze değil.

3. sagen Sie, daß Sie Suppe wollen?
a Çorba çok sıcak.
b Çorba içmek istiyorum.

4. wünschen Sie guten Appetit?
a Geçmiş olsun!
b Afiyet olsun!

5. verlangen Sie hellen Tee?
a Türk olsun!
b Açık olsun!

2. Was für Suppe wollen Sie essen (trinken)?

«Sıcak çorba içmek istiyorum.»

1. sıcak **2.** Türk **3.** çok **4.** başka bir **5.** iyi **6.** tereyağlı
7. öyle bir **8.** memleketimden bir

3. Was paßt zusammen?

1. Rahat bir
2. Tereyağlı
3. Karnım
4. Çay nasıl olsun?
5. Toplam ne kadar?

a açık
b kahvaltı salonu
c seksen beş bin
d ekmek
e aç

4. Auf türkisch:

1. Gibt es Honig? **2.** Ich möchte ein bißchen Brot. **3.** Ich möchte eine große Zuckermelone. **4.** Ich möchte ein Zimmer mit Bad. **5.** Ich möchte Geld.

afiyet olsun

«Guten Appetit!» (möge es Wohlbefinden bereiten) wünscht man bei allen Gaumenfreuden. Übrigens eher danach als davor! Wer einlädt oder ausgibt, antwortet so auch auf Lob und Dank seiner Gäste.

Auch viele Türken stecken längst in der Tretmühle geregelter Arbeitszeiten. Der neuzeitliche Büromensch braucht pünktlich sein Mittagessen *(öyle yemeği)*, und die Gastronomie hat sich auf Stoßzeiten eingerichtet. Gottlob ist der von ewiger Neugier und ewigem Hunger Getriebene noch in der Mehrzahl. Sein Überleben garantiert den Fortbestand ständig geöffneter, auf die Verführbarkeit ihrer Landsleute setzender Spezialisten. Als kleinste, doch hartnäckigste Kategorie freien Unternehmertums fungieren dabei Imbisse *(büfe)*, Garküchen und Straßenverkäufer. Sie dringen noch bis in die entferntesten unversorgten Winkel vor, um Sandwiches *(sandviç)*, frischgepreßte Obstsäfte *(sıkma)*, Pickles *(turşu)*, sprich: alles, was nur irgend gegessen oder getrunken werden kann, an den Mann zu bringen.

Speiselokale sorgen für Grillfleisch *(kebap)*, gefüllte, im Ofen gebackene Brotteigtaschen *(pide)* und *sulu yemek* («Essen mit Soße»), worunter Gemüsegerichte, Kochfleisch und Eintöpfe zu verstehen sind. *Sulu yemek* gibt es nur im *lokanta*, einer Art Cafeteria. Türkischunkundige essen hier besonders gern, weil man auf die fertigen Speisen zeigen kann. Ein Verdauungsschnäpschen ist freilich nicht drin. In allen Lokalen besteht Alkoholverbot.

Tatlı ye, tatlı konuş! (Iß süß, sprich süß!). An Schmeicheleien herrscht in der Türkei kein Mangel, ebensowenig an Süßspeisen. Nicht auszudenken, was geschähe, wenn die Konditoren *(pastacı)* die Herstellung von Honig-Nuß-Strudeln *(baklava)* und gerösteten Fladennudeln *(tel kadayıf)* einstellten, oder wenn die *muhallebici* darauf verzichteten, Kaltschalen zu kreieren. Ein Schmaus ohne Dessert ist undenkbar, wohl aber ein Dessert ohne was dazu. *Helva* ist dafür das beste Beispiel. Die mächtig süße, aus Zucker, Sesam und Nüssen bestehende Masse hat die europäischen Zuckerbäcker vielleicht mal zum Türkischen Honig inspiriert. Während dieser jedoch in der Hauptsache Kinder auf Rummelplätzen erfreut, ist das Original in der Türkei – zusammen mit Brot gegessen – eine vollwertige Mahlzeit.

içmek

Man trinkt nicht nur Getränke und Suppen, sondern auch

Zigaretten	**sigara**
Pfeife	**pipo**
Zigarren	**puro**

büfe *Imbiß*
tost most *Toast oder so*
sevmem *mag ich nicht*
canım istiyor *ich habe Lust auf (Seele meine möchte)*
pide *Brotteigfladen*
yemek *essen, Essen*
kıyma *Hackfleisch*
peynir *Weißkäse*
karışık *gemischt, durcheinander*
salata *Salat*
ayran *Joghurtgetränk*
getirir misiniz *bringen Sie bitte*
küçük *klein*
tatlı *süß, Süßspeise, nett*
ister misin *hättest du gerne?*
kahve *Kaffee (türkischer)*
gitmek *gehen*
hesap *Rechnung*
bir de *außerdem*

Würden Sie bitte/gerne

Bei höflichen Fragen und Aufforderungen nimmt man die «r-Form», eine der beiden Präsensformen im Türkischen:

Verbstamm (-Vokal) -r misin/iz   würdest du/würden Sie bitte

içmek	(trinken)	**iç-e-r misiniz?**	(Würden Sie gerne trinken?)
istemek	(möchten)	**iste-r misiniz?**	(Hätten Sie gerne?)
bakmak	(schauen)	**bak-a-r mısın!**	(Schaust du bitte!)
gitmek	(gehen)	**gid-e-r misin!**	(Gehst du bitte!)

Tip!

Sie schauen ins Wörterbuch: Bei einsilbigen Verben steht das «r-Anhängsel» mit dem jeweils richtigen Vokal immer in Klammern:
sevmek (-er) lieben

Gelüste

kommen von der Seele **can.**
Auf Eiscreme Lust haben, heißt dann
can -ım, -ın usw. **dondurma istiyor,**
Seele meine, deine Eis möchte.

... und dergleichen

Will man etwas Unbestimmtes sagen, dann wird das betreffende Wort mit einem «m-» als Anlaut wiederholt:

tost most	Toast und so
salata malata	Salat und so
ayran mayran	so was wie Ayran

Wenn schon, denn schon, denkt der Deutsche, holterdiepolter, was für ein Kuttelmuttel!

Mittags

Ne yapalım?	Was wollen wir machen?
Karnım aç.	*Ich habe Hunger.*
Orada bir büfe var.	Dort gibt's einen Imbiß.
Hayır. Tost most sevmem.	*Nö. Toast und so mag ich nicht.*
Canın ne istiyor?	Worauf hast du Lust?
Canım pide istiyor.	*Ich habe Lust auf Pide.*
Hah, ben de pide yemek istiyorum.	Genau, ich will auch Pide essen.

Bakar mısınız!	Schauen Sie bitte!
Buyurun?	*Bitte schön?*
Kıymalı pide var mı?	Gibt's Pide mit Hackfleisch?
Kıymalı, peynirli, karışık.	*Mit Hackfleisch, mit Käse, gemischt.*
Karışık olsun. Bir de salata.	Gemischt. Außerdem einen Salat.
Ayran da var.	*Es gibt auch Ayran.*
Taze mi?	Frisch?
Tabii.	*Natürlich.*
Mmmm. Bir tane getirir misiniz.	Mmmm. Bringen Sie mir bitte einen.
Büyük mü, küçük mü?	*Einen großen oder einen kleinen?*
Büyük olsun.	Groß soll er sein.
Hemen.	*Sofort.*

Tatlı ister misin?	Hättest du gerne 'ne Süßspeise?
Hayır. Tatlı matlı sevmem.	*Nee, Süßkram mag ich nicht.*
Çay? Kahve?	Tee? Kaffee?
Hayır çok teşekkür ederim.	*Nein. Vielen Dank.*
Canın ne istiyor?	Worauf hast du Lust?
Canım gitmek istiyor.	*Ich möchte gehen.*
Fakat hesap benden olsun.	Aber die Rechnung soll von mir (bezahlt) sein.
Olmaz. Benden.	*Ausgeschlossen. Auf mich.*
Peki.	Gebongt!

mögen

bei Verben:
Infinitiv + mögen

içmek	**istiyorum**
trinken	ich möchte

kahve

bestellt man:

sade	(ohne etwas) ohne Zucker
orta	(Mitte) mittelsüß
şekerli	(mit Zucker) sehr süß
süt	Milch nimmt man nur zum Nescafé

Üben

11

1. Worauf haben Sie Lust? Geben Sie die Antwort:

«Canınız ne istiyor?» «Canım kahvaltı etmek istiyor.»

1. kahvaltı etmek **2**. tatlı bir kavun **3**. sıcak bir yemek **4**. pide
5. tereyağlı, ballı tost **6**. peynirli ekmek **7**. çorba

2. Fragen Sie ganz höflich:

«Bir çay daha *içer misiniz?*»

1. bir çay daha içmek **2**. hesap getirmek **3**. başka bir şey istemek
4. taze ekmek getirmek **5**. çorba içmek **6**. portakal yemek

3. Lieben Sie Beethoven? Nein, Beethoven und so mögen Sie nicht:

«Hayır. Beethoven Meethoven sevmem.»

1. Beethoven **2**. tost **3**. salata **4**. peynir **5**. çay **6**. halılar
7. yolculuklar **8**. ayran **9**. kıyma

4. Welche Antwort paßt?

1. Hesap getirir misiniz?	**a** Yeter.	**b** Hemen.
2. Canın ne içmek istiyor?	**a** Çorba.	**b** Tost.
3. Kıymalı mı, peynirli mi?	**a** Yazık.	**b** Karışık.
4. Başka bir şey yer misiniz?	**a** Anahtar istiyorum.	**b** Pide istiyorum.
5. Tatlı ister misiniz?	**a** Biraz sonra.	**b** Salata malata sevmem.

Köche

mögen es, wenn man sie lobt. In der Türkei zielt das besonders auf ihre Fingerfertigkeit:

eline/elinize sağlık!
Möge deine/Ihre Hand gesund bleiben!

Der Prophet soll nur den Wein verboten haben. Wie sonst ist es zu erklären, daß alljährlich 60 Millionen Liter *rakı* getrunken werden, genausoviel wie alle übrigen Alkoholika zusammen. Bis zu 50 Prozent Alkohol kann dieser Tresterschnaps enthalten, der sich milchig verfärbt, sobald er mit Wasser in Berührung kommt. Grund: ein gewisser Anteil an Anis. Und genau dieser Anisgeruch ist es auch, der einem beim Betreten eines *meyhane*, einer Kneipe für genußfreudige Nachtschwärmer *(akşamcı)*, entgegenschlägt. «*Bir duble!*» (Einen Doppelten!) Drunter, das heißt unter einem Viertelliter, macht man's nicht. Die meisten bestellen jedoch gleich eine Flasche. Damit man's überlebt, hat ein gütiger Gott die *meze* erfunden. Unzureichend mit «Vorspeisen» übersetzt, sind damit recht ölige, zumeist kalte Kompositionen aus Fisch, Fleisch, Gemüsen, Joghurt, gefüllten Muscheln *(midye dolması)* und Weinblättern *(yaprak dolması)* gemeint. Besonderheit: Es bestellt nicht jeder für sich, sondern stets die ganze Runde zusammen. Man kommt schließlich her, um sich gemeinsam zu amüsieren. In Lokalen mit Alkohol kann sich so der Gast auch mal zurücklehnen, ohne fürchten zu müssen, daß ihm gleich der Teller weggezogen wird, wie leider sonst üblich. Alles ist auf viel Zeit angelegt. Dasselbe gilt fürs Restaurant *(restoran)* oder fürs noch vornehmere *gazino*. Bei beiden ist das Angebot etwas breiter, auch wird mehr Wein getrunken, wobei die Tropfen aus den Häusern Kavaklıdere und Doluca zu Recht als die besten gelten.

Frommen Muslimen ist dies alles natürlich ein Graus. In Dörfern sucht man Alkohol denn auch vergeblich. Und selbst in den meisten Provinzstädten bekommen kaum mehr als zwei oder drei *restoran* eine Lizenz. Für diejenigen, die dort ihr Seelenheil aufs Spiel setzen, hält die Geschäftsleitung nicht selten die entsprechenden Tröstungen bereit: durch die Provinz tingelnde Sängerinnen, die einem die Vergänglichkeit allen Seins erst so richtig ins Gemüt träufeln. *Sarhoş* (betrunken) ist nach so einem Abend eigentlich fast jeder. Aber man zeigt es nicht, schon gar nicht auf der Straße. Angeblich sei Mohammed einst von einer Runde von Zechern anfangs ziemlich angetan gewesen. Harsch geurteilt habe er erst zwei, drei Stunden später, als sie zu grölen und sich zu prügeln anfingen. Der zeitgenössische *akşamcı*, schwankend, aber beherrscht, scheint es nicht vergessen zu haben.

Bierfreunde wählen zwischen Tuborg, Löwenbräu und Efes. Manchmal gibt es noch ein Bier des Tekel, des Staatsmonopols, das auch ansonsten den Verkauf von Alkoholika regelt. Am besten schmeckt Bier vom Faß *(fıçı)* in den Bierhallen *(birahane)*. *Meze* oder Knabbereien wie geröstete Kichererbsen *(leblebi)* gehören unbedingt dazu.

yiyecek *zu Essendes*

balık *Fisch*

ızgara *Grill*

ızgaralar *Gegrilltes*

meze *Vorspeisen*

pirzola *(Lamm-)Kotelett*

lezzet *Wohlgeschmack*

yağ *Öl, Fett*

-siz, -sız, -süz, -suz *Anhängsel «ohne»*

nasıl isterseniz *wie Sie wünschen*

o zaman *dann, in diesem Fall*

şarap *Wein*

bira *Bier*

fena *schlecht, schlimm, übel*

rakı *Anisschnaps*

su *Wasser*

şerefe! *Auf die Ehre!, Prost!*

tuvalet *Toilette*

ücret *Gebühr*

yandım *ich bin erledigt (ich bin verbrannt)*

-ecek, -acak

eigentlich Futur-Anhängsel

Verbstamm -(y)ecek/-(y)acak

içmek	(trinken)	**iç-ecek bir şey**	(eine zu trinkende Sache)
yemek	(essen)	**yi-ecek şey**	(eine zu essende Sache)
açmak	(öffnen)	**aç-acak bir şey**	(eine zu öffnende Sache = Öffner)

Zur Erinnerung.

Das «y» nicht vergessen!
Wenn zwei Vokale aneinandergekoppelt werden, muß ein «y» dazwischen. **ye + y + ecek = yiyecek.**
Daß aus dem «e» ein «i» wird, müssen Sie hinnehmen – wie so manch andere Unregelmäßigkeiten auch!

-siz, -sız, -süz, -suz

Anhängsel mit der Bedeutung «ohne»

içki	(Alkohol)	**içkisiz**	(alkoholfrei)
buz	(Eis)	**buzsuz**	(ohne Eis)

aber auch:

yüz	(Gesicht)	**yüzsüz**	(unverschämt)

Abends

Yiyecek ne var?	Was gibt's (alles) zu essen?
Balık, ızgaralar, mezeler.	*Fisch, Gegrilltes, Vorspeisen.*
Izgaralardan bir şey istiyorum.	Ich möchte was vom Gegrillten.
Pirzola çok lezzetli.	*Die (Lamm-)Koteletts sind köstlich.*
Yağlı mı, yağsız mı?	Fett oder nicht? (mit oder ohne?)
Nasıl isterseniz.	*Wie Sie wünschen.*
O zaman yağsız olsun.	Dann sollen sie ohne sein.
İçecek bir şey?	*Etwas zu trinken?*
Canım şarap istiyor.	Ich habe Lust auf Wein.
Kalmadı. Bira içer misiniz?	*Ist alle. Hätten Sie gerne ein Bier?*
İyi. Bir bira getirir misiniz.	Gut. Bringen Sie mir bitte ein Bier!

Yemek nasıl?	Wie ist das Essen?
Fene değil.	*Nicht schlecht.*
Rakı içer misin?	Würdest du einen Rakı trinken?
Rakı sevmem.	*Rakı mag ich nicht.*
Haydi! Rakısız meze olmaz.	Komm schon! Meze ohne Rakı geht nicht.
Fakat su içmek istiyorum.	*Ich möchte aber Wasser trinken.*
Boş ver. Haydi!	Vergiß es. Los!
Peki. Şerefe!	*Na schön. Prosit!*

Hesap ne kadar?	Wie hoch ist die Rechnung?
Yedi yüz elli bin.	*Siebenhundertfünfzigtausend.*
Ne? Anlamadım.	Was? Ich hab's nicht verstanden.
Toplam yedi yüz elli bin.	*Insgesamt siebenhundertfünfzigtausend.*
Off! Başka param yok. Tuvalet nerede?	Au Backe! Mehr Geld hab ich nicht. Wo ist die Toilette?
Orada.	*Dort.*
Tuvalet ücretsiz inşallah?	Die Toilette ist hoffentlich umsonst?
Ücretli.	*Kostet was. (mit Gebühr)*
Yandım.	Ich bin erledigt.

Portionen

Angaben zur Größe der Portion (porsiyon) vor allem bei Fleisch. Bestellt wird nur

yarım	halb
normal	normal
bir buçuk	anderthalb

Üben

12

1. Mit oder ohne? Sie wollen es genau wissen:

«Pirzola yağlı mı, yağsız mı?»

1. pirzola: yağ **2.** tuvalet: ücret **3.** yemek. lezzet **4.** oda: banyo **5.** kilim: kalite **6.** balık: tereyağ **7.** ızgaralar: salata

2. Gibt's was zu essen? Sie fragen und ergänzen:

«Yiyecek bir şey var mı? Canım taze balık istiyor!»

1. taze balık **2.** tatlı bir kavun **3.** peynirli ekmek **4.** küçük bir salata **5.** yağsız bir şey **6.** tatlı bir şey **7.** sıcak bir şey

3. Das eine finden Sie nicht schlecht, aber das andere noch besser:

«Otobüs nasıl?» «Fena değil. Fakat uçak daha iyi.»

1. otobüs - uçak
2. rakı - şarap
3. balık - pirzola
4. kıymalı pide - kıymasız
5. kahve - çay
6. tek yataklı oda - çift yataklı
7. Roma - İstanbul
8. para - arkadaş

4. Auf türkisch:

1. Wie Sie wünschen. **2.** Ich bin erledigt. **3.** Bringen Sie mir bitte einen Rakı. **4.** Dann soll es Wein sein. **5.** Bier und dergleichen mag ich nicht.

fena değil

«Nicht übel!»
Ebenso schlichte wie höfliche Umschreibung, daß es eigentlich nichts Besonderes ist.

çay

bestellt man:

açık	hell, mit viel Wasser
koyu	dunkel, mit viel Sud

Ⓩ Alle Wörter

Speisen

Suppe
çorba

Butter
tereyağ

Honig
bal

Brot
ekmek

Toast
tost

Fladenbrot
pide

Hackfleisch
kıyma

Käse
peynir

Salat
salata

Fisch
balık

Gegrilltes
ızgaralar

Vorspeise
meze

Kotelett
pirzola

Öl, Fett
yağ

Verben

frühstücken
kahvaltı etmek

ich möchte ...
... istiyorum

würdest du bitte schauen?
bakar mısın?

würden Sie bitte schauen?
bakar mısınız?

ich mag's nicht
sevmem

Lust haben auf ...
can... istiyor

hättest du gerne?
ister misiniz?

gehen
gitmek

wie Sie wünschen
nasıl isterseniz

ich bin erledigt
yandım

trinken, rauchen
içmek

bringen Sie bitte
getirir misiniz

Rund ums Essen

Frühstücksstube
kahvaltı salonu

Imbiß
büfe

hungrig
karn... aç

guten Appetit!
afiyet olsun!

Essen, essen
yemek

Rechnung
hesap

zu essendes
yiyecek

Wohlgeschmack
lezzet

Drum und Dran

sofort
hemen

und dergleichen
... m..

außerdem
bir de

Grill
ızgara

Anhängsel «ohne»
-siz, -sız, -süz, -suz

dann
o zaman

Toilette
tuvalet

Gebühr, Honorar
ücret

Trinken

Tee
çay

Joghurtgetränk
ayran

Kaffee
kahve

Wein
şarap

Wasser
su

Bier
bira

Anisschnaps
rakı

Prost!
şerefe

Adjektive

offen, hell
açık

heiß
sıcak

frisch
taze

gemischt
karışık

klein
küçük

süß, Süßspeise
tatlı

schlecht, übel
fena

Beim Bezahlen

Trinkgeld sollte man geben, je nach Leistung zwischen fünf und zehn Prozent. Falls Ihnen die Rechnung zu hoch vorkommt, können Sie leicht nachprüfen: Preislisten *(yemek listesi)* sind Pflicht. Sie hängen meist an der Wand neben dem Eingang.

Farben und Früchte

blaue	**mavi**	**erik**	Pflaumen
grüne	**yeşil**	**armut**	Birnen
rote	**kırmızı**	**kiraz**	Kirschen
gelbe	**sarı**	**muz**	Bananen
schwarze	**siyah**	**üzüm**	Trauben
lila	**mor**	**incir**	Feigen
pfirsischfarbene	**şeftali rengli**	**şeftali**	Pfirsische
kaffeefarbene/ braune	**kahverengli**	**muşmula**	Mispeln

Geschmäcker

tatlı	süß
tuzlu	salzig
ekşi	sauer
biberli, acı	scharf, bitter
buruk	säuerlich

Prosit

Männerrunden trinken auf die Ehre,

şerefe!	**şeref -ine, -inize, -imize**
Ehre	deine, eure, unsre usw.

Frauen meistens auf die Gesundheit

sağlığ	**-ına, ınıza, -ımıza**
Gesundheit	deine, Ihre, unsere

Ⓩ Hier fehlt's

Zeigen Sie, was Sie gelernt haben! Sie dürfen auch wieder auf der nächsten Seite spicken:

Lokantada – Im Restaurant

Bak................. mısınız!
Buyurun?
Bu saat................. kahvaltı var mı?
Tabii. Saat on ikiye ....
Harika. Yi................. ne var?
Çorba içer ....?
Yağlı mı, yağ................. mı?
Biraz yağlı.
O zaman peynir, tereyağ, bal isti................. Bir de ekmek.
İç................. bir şey?
Çay! .... olsun.
Hemen.

Pide yer ....siniz?
Kıymalı mı, peynirli ....?
Nasıl ister................. İkisi de çok lezzetli.
Kıymalı .... Peynirli olsun.
Peki. Arkadaşınız?
Karnım çok .... değil.
Küçük bir şey ister ....?
Ne gibi?
Salata, çorba?.
Çorba, ... iyi!
.... olsun?
Sıcak. İçecek .... var?
Su, ayran,
Mmmm, ayran. Çanım ayran ....

Meze................. nasıl?
Fena ....
Afiyet ....! Bir rakı daha içer misiniz?
.... ederim. Yeter.
Haydi! Bir rakı ....!
Hayır. Gitmek ....
Boş ver. .... benden olsun.
Öyle mi? O .... - şerefe!

Hören Sie sich die drei Dialoge an. Vergleichen Sie die Lösungen, die Sie gefunden haben, und plappern Sie einfach nach:

Lokantada – Im Restaurant

Bakar mısınız!
Buyurun?
Bu saatte kahvaltı var mı?
Tabii. Saat on ikiye kadar.
Harika. Yiyecek ne var?
Çorba içer misiniz?
Yağlı mı, yağsız mı?
Biraz yağlı.
O zaman peynir, tereyağ, bal istiyorum. Bir de ekmek.
İçecek bir şey?
Çay! Açık olsun.
Hemen.

Pide yer misiniz?
Kıymalı mı, peynirli mi?
Nasıl isterseniz. İkisi de çok lezzetli.
Kıymalı sevmem. Peynirli olsun.
Peki. Arkadaşınız?
Karnım çok aç değil.
Küçük bir şey ister misiniz?
Ne gibi?
Tatlı, salata.
Salata, bu iyi!
Nasıl olsun?
Karışık. İçecek ne var?
Su, Cola, ayran.
Mmmm, ayran. Canım ayran istiyor.

Mezeler nasıl?
Fena değil.
Afiyet olsun! Bir rakı daha içer misiniz?
Teşekkür ederim. Yeter.
Haydi! Bir rakı daha!
Hayır. Gitmek istiyorum.
Boş ver. Hesap benden olsun.
Öyle mi? O zaman - şerefe!

Prüfstand

1. Welcher Satz ist falsch?

1a. Şekerlu kahve sevmem.
1b. Şekerli kahve sevmem.

2a. Canım yağsız pirzola istiyor.
2b. Canım yağsiz pirzola istiyor.

3a. Çay içer misiniz?
3b. Çay içar misiniz?

4a. Karnım çok aç değil.
4b. Karnım çok aç yok.

5a. Açecek bir şey var mı?
5b. Açacak bir şey var mı?

2. Haben Sie aufgepaßt?

1. *Meze* ist
a ein katholischer Gottesdienst.
b eine Abkürzung für Mercedes.
c eine Art Vorspeise.

2. Mit *şerefe!*
a ruft man den Sheriff.
b prostet man sich zu.
c droht man kleinen Kindern.

3. Köchen wünscht man
a eine gesunde Hand.
b eine helfende Hand.
c eine glückliche Hand.

4. Rakı mit Wasser
a explodiert.
b schäumt.
c verfärbt sich weiß.

5. *Ramazan* nennt man
a den islamischen Fastenmonat.
b eine Käsesorte.
c eine Gallenkolik.

6. Türkischunkundige essen gern im *lokanta*, weil
a Ausländer nicht zahlen müssen.
b dort Stummfilme laufen.
c man auf die Speisen zeigen kann.

3. Rätsel

1. Anatolisches Gastgeschenk, an uns von den Ungarn gebracht.
2. Verlangt man beim Kaffee, wenn man nichts verlangt.
3. Paßt besser zu Honig als Butter.
4. Sitz der Gelüste.
5. Geröstete, heiter gestimmte Hülsenfrüchte.
6. Der Sesam-öffne-dich der frühen Morgenstunde.
7. Anisumnebelter Tummelplatz für Nachtschwärmer.
8. Zustand tiefsten Wohlbehagens.

4. Was fehlt?

1. Karnım ....
a açık
b aç
c az

2. Çay .... olsun
a yiyecek
b şarap
c koyu

3. .... getirir misiniz!
a tuvalet
b hesap
c yandım

4. Fakat .... içmek istiyorum.
a ızgara
b tereyağ
c sigara

5. Ekmek .... değil.
a taze
b bir de
c meze

6. Kahvaltı salonu .... mı?
a boş
b kapalı
c büyük

7. Canı tatlı bir şey ....
a isterseniz
b ister misiniz
c istiyor

Allah büyüktür

Gott ist groß

Erkinis, ein Dorf im äußersten Nordosten. Çeliks Teehaus mißt vielleicht fünf mal fünf Meter. Die grüngetünchten Wände sind kahl bis auf einen Kalender der staatlichen Erdölgesellschaft, ein gerahmtes, schon stark vergilbtes Schwarzweißporträt des Hausherrn und ein *Bismillah* (Im Namen Gottes) in fluoreszierenden arabischen Lettern. In der Ecke summt leise der Teekocher. Çelik spült Gläser. Jetzt, am Nachmittag, hat er nicht viel zu tun. Mustafa, der Postler, ist über seiner Zeitung eingeschlafen. Zwei Alte, das Kinn auf den Knauf ihrer Knotenstöcke gestützt, starren teilnahmslos auf den Fernseher. Nur ein paar Forstaufseher in ihren grünen Uniformen spielen draußen im Garten eine Runde Karten. Çelik genießt die Ruhe. Er weiß, was ihn erwartet. Spätestens zu den 20-Uhr-Nachrichten wird der Raum, von Zigarettenqualm erfüllt, widerhallen von Stimmen, klackenden Spielsteinen und dem Gedröhn des Fernsehers.

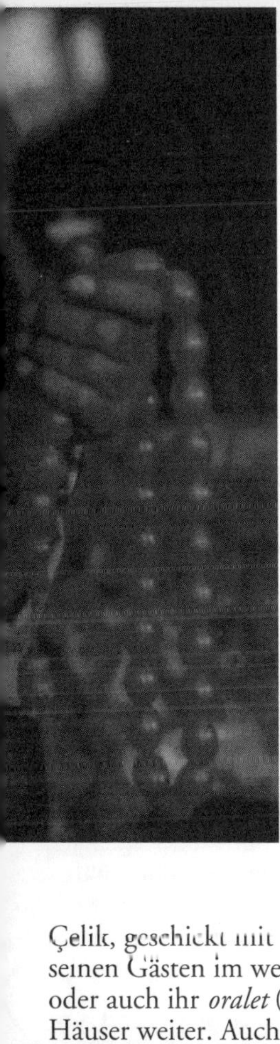

Die Männer spielen hauptsächlich *okey*, eine Art Rommé mit numerierten Plastiksteinen. Sie sind nur halb bei der Sache. Mit einem Ohr bei den Nachrichten, besprechen sie gleichzeitig den kommenden Tag. Yunus, einer der drei Dolmuşfahrer im Dorf, klärt ab, wer alles am Morgen mitfahren wird. Er soll auch Besorgungen machen: einen Sack Mehl für Mevlut, zwei Wasserrohre für Abdullahs Baustelle. Am Nachbartisch vergibt Ali Büyük Arbeit. Er braucht noch ein paar Leute für die Alm. Daß es etwas zu verdienen gibt, hat sich herumgesprochen. So sind an diesem Abend auch Taglöhner aus den umliegenden Kleinstädten gekommen. Das Teehaus ist nun mal Vermittlungsbüro und Nachrichtenbörse in einem, nicht nur in Erkinis, sondern auch überall sonst in der Türkei. So ist das Teehaus die unverzichtbarste Einrichtung im Leben des türkischen Mannes. Angefangen hat dies bereits im 16. Jahrhundert. Kaum war die in Südarabien kultivierte Kaffeebohne in Istanbul aufgetaucht, gab es bald schon an jeder Ecke der Hauptstadt eine Kaffeestube *(kahvehane)*. Kein Wunder, daß sich da der Name *kahvehane* einbürgerte. Teehaus – auch wenn mittlerweile in der Tat hauptsächlich Tee getrunken wird – sagt man nämlich nur im ausländischen Westen.

Çelik, geschickt mit vier, fünf Gläsern gleichzeitig hantierend, zählt zu seinen Gästen im wesentlichen die Älteren. Die Jungen trinken ihren Tee oder auch ihr *oralet* (Brausepulver mit heißem Wasser aufgegossen) zwei Häuser weiter. Auch das ist typisch. Alte und Junge, Berufsstände und Volksgruppen, Linke und Rechte – das jeweils eigene *kahve* ist allen gemeinsam. Gemeinsam ist freilich auch noch etwas anderes: die völlige Abwesenheit von Frauen! In alter Zeit spielte sich die Geselligkeit der Türkinnen fast ausschließlich zu Hause ab. Obwohl sich daran doch einiges geändert hat, besteht die feine, bei modernen Türken kaum sichtbare Trennlinie zwischen den Geschlechtern dennoch fort. Ein klassisches *kahve* würde eine Türkin von sich aus niemals betreten. Wozu auch. Will sie etwas trinken oder mit Freundinnen einen Schwatz halten, geht sie zum *muhallebici* oder in eine Konditorei. Soll es unter freiem Himmel sein, findet sich in jeder Stadt ein oft parkähnlicher Teegarten *(çay bahçesi)*. In vielen Fällen – vor allem, wenn es sich bei besagtem Park um die einzige Grünanlage weit und breit handelt – trägt der *çay bahçesi* noch einen Zusatz: *aile* (Familie). Auf den ganzen Garten, vielleicht auch nur auf einen abgetrennten Bereich bezogen, gibt *aile* dem einzelnen Mann zu verstehen, daß er hier unerwünscht ist, willkommen allein in einer gemischten Gruppe oder zusammen mit seiner Familie. Frauen können sich so vor Belästigungen völlig sicher fühlen. Übrigens nicht nur im Teegarten, sondern auch in den Familienräumen *(aile salonu)* vieler Lokale oder in den Volksbädern der Gemeinden. Gerade an Sonn- und Feiertagen sind die *aile*-Einrichtungen völlig überfüllt. Arbeitsfreie Sonntage, nach westlichem Vorbild an die Stelle des herkömmlichen islamischen Ruhetags, des Freitags, getreten, sind heute in erster Linie Familientage. Auf den Tischen des *aile çay bahçesi* stehen Samoware *(semaver)*, Männer und Frauen mit Schildmützen verkaufen Lose der Staatslotterie *(milli piyango)*, manchmal dreht sich irgendwo ein kleines Karussell, und alle Welt knabbert geröstete Sonnenblumen- und Kürbiskerne.

An besonders schönen Sonntagen ist in der Familie Picknick *(piknik)* angesagt. Das Picknick geht über den Besuch im Teegarten weit hinaus und in die Vergangenheit. Für ein paar Stunden wenigstens ist man wieder ein Nomade, für einen Tag wenigstens trinkt man wieder klares Wasser, liegt auf einem Kelim und starrt in den Himmel, während einem der Duft gegrillten Fleisches in die Nase steigt. Im ganzen Land sind an den malerischsten Stellen offizielle Picknickplätze mit gefaßten Quellen *(çeşme)* und Feuerstellen eingerichtet. Doch Vorsicht: Zur Illusion des türkischen Zelt- und Lagerlebens gehören nicht Stille und Abgeschiedenheit, sondern Kind und Kegel *(çoluk çocuk)*, ja die ganze Verwandtschaft samt Nachbarn. Wer es lauschig liebt, sollte sich besser absetzen. Aber es wäre schade drum. Die Türken nennen so eine Lustbarkeit *«felekten bir gün çalmak»* (dem Schicksal einen Tag klauen).

can... sıkılıyor

Gut nachvollziehbare Umschreibung für «sich langweilen, sich ärgern»

can	-ım	-ın	-ı	-ımız	-ınız	-ları	sıkılıyor
Seele	meine,	deine,	seine,	unsere,	Ihre,	ihre	wird gequetscht

-(y)elim, -(y)alım

Anhängsel des Wunsches: «Wir wollen ... / Laßt uns ...»

gehen	**gitmek**	**gidelim**	Laßt uns gehen
lesen	**okumak**	**okuyalım**	Laßt uns lesen

yapmak *machen, tun*

-(y)elim, -(y)alım *wollen, sollen (Anhängsel)*

gezmek *spazierengehen, sich etwas ansehen*

fikir *Idee, Gedanke*

yanında *daneben, an seiner Seite*

sakin *ruhig*

kahve (-hane) *Teehaus für Männer*

tavla *Backgammon*

oynamak *spielen*

piknik yerimiz *unser Picknickplatz*

gelmek *kommen*

hava *Wetter, Luft*

doğru *richtig, direkt*

kitap *Buch*

okumak *lesen, lernen*

tamam *fertig, okay*

canım sıkılıyor *ich langweile mich (meine Seele ... gequetscht)*

neden? *weshalb?*

çünkü *weil*

Befehlsform

Ganz leicht: Nur die Grundformendung «-mek,-mak» weglassen. Der Stamm des Verbs ist gleichzeitig der Imperativ der 2. Person Einzahl.

	Einzahl		Mehrzahl	
gelmek	**gel!**	komm!	**gelin!**	kommt!, kommen Sie!
bakmak	**bak!**	schau!	**bakın!**	schaut!, schauen Sie!
Verneinung:	**gelme!**	komm nicht!	**gelmeyin!**	kommt nicht!, kommen Sie nicht!
	bakma!	schau nicht!	**bakmayın!**	schaut nicht! schauen Sie nicht!

Achtung!

Verneinen nur mit «-me!» oder «-ma!»: kleine Vokalharmonie!
Mehrzahl mit Anhängseln «-(y)in/ın/un/ün»: große Vokalharmonie!

okumak	**oku!**	lies	**okuyun!**	lest!, lesen Sie!
öpmek	**öp!**	küß	**öpün!**	küßt!, küssen Sie!
	okuma!	lies nicht!	**okumayın!**	lest nicht!, lesen Sie nicht!
	öpme!	küß nicht!	**öpmeyin!**	küßt nicht!, küssen Sie nicht!

13 Reden

Freizeit

Ne yapalım?	Was wollen wir machen?
Gezelim mi?	*Wollen wir spazierengehen?*
İyi bir fikir.	Eine gute Idee.
O zaman camiye gidelim.	*Dann laß uns zur Moschee gehen.*
Orada ne var?	Was gibt es dort?
Yanında güzel bir kahve var.	*Daneben gibt's ein schönes Teehaus.*
Kalabalık mı?	(Ist da) viel los?
Yooo, çok sakin bir yer.	Nö, ein ganz ruhiger Platz.
Kahvede ne yalalım?	*Was wollen wir im Teehaus tun?*
Tavla oynamak istiyorum.	Ich möchte Backgammon spielen.

Nereye gidiyorsunuz?	Wohin geht ihr?
Piknik yerimize. Sen de gelir misin?	*Zu unserm Picknickplatz. Würdest du auch kommen?*
Bakalım.	Mal sehen.
Haydi gel! Hava çok güzel.	*Komm schon! Das Wetter ist sehr schön.*
Doğru. Fakat kitap okumak istiyorum.	Richtig. Aber ich will (Buch) lesen.
Tamam. Piknik yerimizde oku!	*Alles klar. Lies an unserm Picknickplatz.*
Evet. Fakat arkadaşlarımız sakin değil.	Ja. Aber unsere Freunde sind nicht ruhig.

Canım sıkılıyor.	Ich langweile mich.
Neden?	*Weshalb?*
Çünkü okuyacak bir şeyim yok.	Weil ich nichts zu lesen habe.
O zaman okuma!	*Dann lies nicht.*
Olmaz.	Geht nicht.
Neden?	*Weshalb?*
Çünkü canım sıkılıyor.	Weil ich mich langweile.

Haydi gelin!	Los, kommt!
Neden?	*Weshalb?*
Gelin, bakın!	Kommt, schaut!
Ne var? Balık mı?	*Was gibt's? Fische?*
Evet, üç tane. Izgara yapalım mı?	Ja, drei Stück. Wollen wir grillen?
Harika!	*Super!*

Üben 13

1. 1. Wollen wir ...?

«Kahveye gidelim mi?»

1. kahveye gitmek **2.** kitap okumak **3.** evinize gelmek **4.** tavla oynamak **5.** ızgara yapmak **6.** kahvaltı etmek **7.** kızımızla gezmek

2. Welche Antwort paßt?

1. Gezelim mi?
a Bir de bir imza.
b İyi bir fikir.

2. Canın neden sıkılıyor?
a Fakat okuyacak bir şeyim yok.
b Çünkü yapacak bir şeyim yok.

3. Tavla oynayalım mı?
a Tamam.
b Dahil.

4. Hava nasıl?
a Sıcak.
b Ucuz.

5. Haydi gidin!
a Ne kadar?
b Nereye?

3. Verneinen Sie. Achtung: kleine Vokalharmonie:

«Zamanım yok. Gelme!»

1. Zamanım yok. Gel..
2. Bu kitap iyi değil. Oku..
3. Canım sıkılıyor. Git..
4. Bu çay taze değil. İç..
5. Bu pirzola çok yağlı. Ye..
6. «Rezervasyon yok.» «Yap..»

4. Wie sagt man's im Plural?

1. Gel! – Gel...! **2.** Oku! – Oku...! **3.** Bak! – Bak...!
4. Git! – Gid...! **5.** Kalk! – Kalk...!

yapmak

yapma!	«Laß das!», aber auch: «Was du nicht sagst!»
yapmayın!	«Lassen Sie das!» oder: «Ist so was möglich!»

«Hoca verweigert spanischer Königin den Handschlag!» So oder ähnlich lauteten die Schlagzeilen der türkischen Presse im Frühjahr 1993. Was war geschehen? Juan Carlos von Spanien und seine Frau Sophia, auf Staatsbesuch, hatten sich in İstanbul die Blaue Moschee zeigen lassen. Dann der Eklat: Der zuständige Geistliche *(imam)*, der dem König soeben noch die Hand geschüttelt hatte, ließ Ihre Majestät im Regen stehen. Sophia, die Hand ins Leere gestreckt, erstarrte, und die weltliche Presse sah die Islamisten einmal mehr auf dem Vormarsch.

Der *imam*, der sich da von einer Frau rituell nicht verunreinigen lassen wollte, ist, wie Tausende seiner Kollegen auch, eine Art Staatsbeamter. Noch unter Atatürk waren die Moscheen und die darin wirkenden Geistlichen sich ziemlich selbst überlassen. An die staatliche Kandare wurden sie erst seit den Fünfzigern genommen, als das Einparteien- durch ein Mehrparteiensystem ersetzt wurde. Zustimmung der Bevölkerung, immerhin zu mehr als 90 Prozent Muslime, bedeutete jetzt Wählerstimmen. Und keine Regierung hat es seither je versäumt, über ihren Einfluß auf die Geistlichkeit zugleich auch den auf die Bevölkerung zu stärken. Der Drahtseilakt um Macht und Wählergunst erweist sich indes als zunehmend riskant. Laut Verfassung nach wie vor dem Laizismus (Trennung von Religion und Staat) verpflichtet, werden Verfechter des koranischen Religionsgesetzes *(şeriyat)* streng verfolgt. Aber zugleich beobachtet man mit Sorge, daß gemäßigte Islamisten, die dem Atatürk-Staat eher Lippenbekenntnisse entgegenbringen, immerhin schon 20 Prozent der Wähler hinter sich scharen. Die Folge: Um die Abwanderung der Wähler zu verhindern, werden den Religionsführern von Mal zu Mal größere Zugeständnisse gemacht.
Der verstorbene Staatspräsident Turgut Özal löste das Dilemma mit populistischer Finesse. Flankiert von seiner selbstbewußten, Zigarre rauchenden Ehefrau, redete er den kleinen Leuten zwar nach dem Mund, steuerte aber doch einen modernen Kurs. Selbst aus einfachen Verhältnissen stammend, hatte er eines verstanden: So ungeheuer wichtig der Islam den Türken gerade im Alltagsleben auch ist, wirklich radikal ist nur eine Minderheit. Was die meisten – so Özal – suchten, sei jemand, der ihnen die Vereinbarkeit von Religion und Moderne ganz praktisch vorlebe. Doch auch die Warner sehen sich immer wieder bestätigt. Unvergessen sind die Ereignisse von Sivas im Sommer 1993: Ein entfesselter Mob krakeelte gegen Aziz Nesin, den türkischen Übersetzer von Salman Rushdies «Satanischen Versen», und steckte ein Hotel in Brand. Drei Dutzend Künstler und Intellektuelle ließen dabei ihr Leben.

pazartesi günü *Montag*

bilmem *ich weiß nicht*

geçen sene *letztes Jahr*

dağ *Berg, Gebirge*

hoşuna gitti *hat dir gefallen*

PTT *Post (Posta, Telegraf, Telefon)*

pazar *Sonntag*

ne demek? *was bedeutet das?*

telefon etmek *telefonieren*

jeton *Telefonmünze*

çalışıyor *arbeitet, funktioniert*

şimdi *jetzt*

jeton düştü *der Groschen ist gefallen*

tatil *Ferien*

başlıyor *fängt an*

yalnız *allein, nur*

yardım *Hilfe*

hoş... -a gitti/gitmedi

Der Satz «Dieses Konzert hat mir gefallen/nicht gefallen» geht nach türkischer Logik wie folgt:

Bu Konser	**hoş**	**-uma**	**gitti/gitmedi**
Dieses Konzert	Schönfinden	zu meinem	ist gegangen/nicht gegangen.

zu meinem	**hoşuma**	**hoşumuza**	zu unserem
zu deinem	**hoşuna**	**hoşunuza**	zu Ihrem/eurem
zu ihrem/seinen	**hoşuna**	**hoşlarına**	zu ihrem

Kleine Islamkunde

Freitagsmoschee	**camı**	**mimber**	Kanzel
kleine Moschee	**mescit**	**şadırvan**	Waschungsbrunnen
Mausoleum	**türbe**	**aptes**	rituelle Reinigung
Minarett	**minare**	**ezan**	Ruf zum Gebet
Gebetsnische	**mihrap**	**namaz**	fünfmal täglich zu verricht. Gebet

Jahreszeiten

İlkbahar (-da)	(im) Frühling
yaz (-ın)	(im) Sommer
sonbahar (-da)	(im) Herbst
kış (-ın)	(im) Winter

In die Ferne

Pazartesi günü tatil başlıyor.	Am Sonntag fangen die Ferien an.
Doğru.	*Stimmt.*
Nereye gidelim?	Wohin wollen wir gehen?
Bilmem.	*Weiß nicht.*
Geçen sene dağlar hoşuna gitti mi?	Haben dir die Berge letztes Jahr gefallen?
Çok. Bir daha gitmek istiyorum.	*Sehr. Ich möchte noch einmal (hin)gehen.*

Beyefendi, affedersiniz ...	Mein Herr,entschuldigen Sie bitte ...
Buyurun?	*Bitte sehr?*
PTT nerede?	Wo ist die Post?
Çarşıda. Fakat bugün pazar.	*Im Zentrum. Aber heute ist Sonntag.*
Ne demek?	Was bedeutet das?
Kapalı.	*Geschlossen.*
Öyle mi?	Tatsächlich?
Evet. Yardım ister misiniz?	*Ja. Möchten Sie, daß ich (Ihnen) helfe?*
Telefon etmek istiyorum.	Ich will telefonieren.
Jeton var mı?	*Sind Telefonmünzen vorhanden?*
Hayır. Jetonum yok.	Nee. Jetons habe ich keine.
Bende var. Kaç tane lâzım?	*Ich habe bei mir. Wie viele brauchen (Sie)?*
Almanya'ya on tane yeter mi?	Sind nach Deutschland zehn Stück genug?
Yeter, Fakat bende yalnız üç tane var.	*Das reicht. Aber ich habe nur drei Stück bei mir.*

Bu telefon nasıl çalışıyor?	Wie funktioniert dieses Telefon?
Jetonunuz var mı?	*Haben Sie Telefonmünzen?*
Var. Buyurun.	Ja. Bitte sehr.
Şimdi bakın! – Tamam mı?	*Jetzt, schauen Sie! – Alles klar?*
Anlamadım. Bir daha yapar mısınız?	Ich hab's nicht verstanden. Würden Sie es bitte noch einmal machen?
Peki. Bakın ...	*In Ordnung. Schauen Sie ...*
Ha! Şimdi jeton düştü.	Ach so! Jetzt ist der Groschen gefallen.

Der Groschen ist gefallen!

Auch Türken sind manchmal schwer von Begriff.
Kapiert man's schließlich doch, heißt es:
Jeton düştü!

Üben

14

1. Wann wollen Sie was machen?

«Pazartesi *günü* çarşıya gitmek *istiyorum.*»

1. pazartesi: çarşıya gitmek
2. salı: şarap içmek
3. çarşamba: balık yemek
4. perşembe: kahvede tavla oynamak
5. cuma: gezmek
6. cumartesi: Tango yapmak
7. pazar: çok geç kahvaltı etmek

2. Fragen Sie, wie es funktioniert:

«Affedersiniz, bu telefon nasıl çalışıyor?»

1. telefon **2.** saat **3.** otobüs **3.** tuvalet **4.** televizyon

3. Sie verstehen das Wort nicht. Ihr Tischnachbar kann Deutsch und übersetzt:

«Tatil ne demek?» – «Tatil 'Ferien' demek.»

1. tatil **2.** yalnız **3.** geçen sene **4.** yolculuk başlıyor **5.** jeton düştü

4. Welche Antwort paßt?

1. Pazartesi günü ne başlıyor?	**a** Dağlar.	**b** Tatil.
2. Beatles hoşuna gitti mi?	**a** Pirzola daha iyi.	**b** Rolling Stones daha iyi.
3. Telefon için ne lâzım?	**a** Uçak lâzım.	**b** Jeton lâzım.
4. Pazar günü PTT açık mı?	**a** Hayır, koyu.	**b** Hayır, kapalı.
5. Ne zaman gidiyorsun?	**a** Geçen sene.	**b** Cumartesi günü.

Wochentage

pazar (günü)	(am) Sonntag
pazartesi (günü)	(am) Montag
salı (günü)	(am) Dienstag
çarşamba (günü)	(am) Mittwoch
perşembe (günü)	(am) Donnerstag
cuma (günü)	(am) Freitag
cumartesi (günü)	(am) Samstag

schon gemerkt? *tesi* ist der Tag danach

Über die Sıtmaya Savaş Derneği (Vereinigung zum Kampf gegen die Malaria) in Erzurum weht der Rote Halbmond, das islamische Pendant zum Roten Kreuz. Auf dem Behandlungsstuhl sitzt an diesem Tag nur ein einziger Patient. Er ist Ausländer. Keine zwanzig Minuten dauert die Blutuntersuchung. Dann hat er das Ergebnis: negativ! Schließlich die zweite gute Nachricht, die Behandlung war umsonst. Grund: Gesundheitsstationen *(sağlık ocağı)* wie diese hier sind Einrichtungen des Staates zur kostenlosen medizinischen Versorgung. Auf die Frage, warum dennoch alle Welt auf das Gesundheitssystem schimpfe, kann Aslan Tosun, der Leiter der Malaria-Abteilung, nur lachen: «Seien Sie froh, daß Sie keine Medikamente *(ilaç)* kaufen müssen. Die müßten Sie schon selber bezahlen. Und wenn's wirklich ernst wird, dann gute Nacht!»
In der Tat sind die den Gesundheitsstationen übergeordneten Staatskrankenhäuser *(devlet hastanesi)* völlig überfordert. Angesichts schlechter personeller wie technischer Ausstattung, bei überfüllten Behandlungsräumen und Operationswartelisten zieht es jeden, der es sich nur irgend leisten kann, zur privaten Konkurrenz. An Privatkliniken, -laboratorien und -praxen *(özel doktorlar)* herrscht kein Mangel. In vielen Fällen halten sie dem Vergleich mit westeuropäischen Verhältnissen durchaus stand. Doch hat dies seinen Preis, der allein Westlern vergleichsweise vernünftig erscheint. Attraktiv sind die Privaten auch für die Ärzte selbst. Einkommen, Arbeitsbedingungen, Karriere. Wer das Zeug dazu hat, wird im Staatsdienst nicht alt. Im *sağlık ocağı* in Erzurum arbeiten neben Tosun noch eine Hebamme *(ebe)*, drei Krankenschwestern *(hemşire)* und eine ziemlich junge Ärztin. Sie stammt aus Kütahya, einer Stadt im Westen. Ihr Dienst hier in Erzurum ist nicht ganz freiwillig. Im unterversorgten Osten muß der Staat nachhelfen, um ein Minimum an Betreuung zu gewährleisten. Nach dem Examen ist wenigstens zwei Jahre Staatsdienst Pflicht. Für jeden! Aber danach? Die Ärztin räumt ein, daß dann wohl Schluß sei. «Für eine Familie ist es bei uns zu Hause leichter», sagt sie, «und als Frau sowieso.» Der Ausländer hat noch zwei Fragen. Falls er nun doch mal zur Apotheke müsse, brauche er dann kein Rezept? Und dann: «Gibt es in Apotheken *(eczane)* auch was Homöopathisches?» Aslan Tosun muß lachen: «Rezept? Können Sie sich schenken! Homöopathie? Kennen wir hier nicht! Aber fragen Sie doch mal einen *hoca*, einen *büyücü* (Zauberdoktor). Wenn Sie vom bösen Blick *(nazar)* getroffen werden, brauchen Sie wahrscheinlich schon was Homöowas? Nur, wir nennen das hier *muska* (Zauberamulett). Oder noch besser: Kaufen Sie sich zur Vorbeugung ein paar blaue Perlen *(mavi boncuk)*. Dann kann nichts passieren.»

kimse *jemand; bei Verneinung: niemand*

randevu *Arzttermin, Rendezvous*

hasta *krank, Kranke(r)*

baş *Kopf, Haupt*

mide *Magen*

ağrıyor *tut weh*

taraf *Seite, Richtung*

beklemek *warten*

durum *Lage, Zustand*

-(y)im *ich bin*

emin *sicher*

sinir *Nerven*

çare *Abhilfe, Lösung*

hamam *Schwitzbad*

öpücük *Küßchen*

ateş *Fieber, Feuer*

yasak *verboten*

«sein» oder «nicht sein»

werden natürlich auch durch Anhängsel ausgedrückt. Die Personalpronomen (ich, du, er, sie, wir, ihr, sie) stecken im Anhängsel drin und müssen nur dann zusätzlich gesagt werden, wenn man sie besonders betonen will.

Es gilt wieder die große Vokalharmonie:

ich bin	**..-(y)im**	**..-(y)iz**	wir sind
du bist	**..-sin**	**..-siniz**	ihr seid, Sie sind
sie, er ist	**..-dir**	**..-dırler**	sie sind

Die Anhängsel sind unbetont:

ich bin krank	**hastyım**	**hasta mıyım?**	bin ich krank?
ich bin schön	**güzelim**	**güzel değilim**	ich bin nicht schön
ich bin daheim	**evdeyim**	**evde değil miyim**	bin ich nicht daheim?

Achtung!

In der 3. Person ist *«-dir»* nur dann erforderlich, wenn etwas bekräftigt werden soll oder an und für sich zutreffend ist:

ateş sıcaktır	Feuer ist heiß!
şarap vardır	Wein ist (immer) da.

Beim Arzt

Kimse yok mu?	Ist keiner da?
Buyurun. Randevunuz var mı?	*Bitte sehr. Sind Sie angemeldet?*
Yok. Fakat çok hastayım.	Nein. Aber ich bin sehr krank.
Neyiniz var?	*Was haben Sie?*
Başım, midem. Her tarafım ağrıyor.	Mein Kopf, mein Magen. Überall tut's weh.
Siz yabancı mısınız?	*Sind Sie Ausländer?*
Evet. Yabancıyım.	Ja. Ich bin Ausländer.
Peki. Biraz bekler misiniz!	*Schön. Warten Sie bitte ein wenig!*
Ne kadar sürer?	Wie lange dauert's?
Beş dakika.	*Fünf Minuten.*

Doktor bey, durumum nasıl?	Herr Doktor, wie steht's um mich?
Midenizde, başınızda bir şey yok.	*An Ihrem Magen, Ihrem Kopf ist nichts.*
Fakat çok ağrıyor.	Aber es tut sehr weh.
Hasta değilsiniz.	*Sie sind nicht krank.*
Emin misiniz?	Sind Sie sicher?
Eminim.	*Ich bin sicher.*
O zaman neyim var?	Was hab ich dann?
Sinirleriniz bozuk.	*Ihre Nerven sind zerrüttet.*
Yapmayın! Bir çare var mı?	Ist so was möglich? Gibt's was dagegen?
Var. Hamama gidin!	*Ja. Gehen Sie ins Schwitzbad!*

Ne kadar güzelsin ...	Wie schön du bist ...
Allah, Allah! Hasta mısın?	*Allah, Allah! Bist du krank?*
Bir öpücük ...	Ein Küßchen ...
Ateşin mi var?	*Hast du Fieber?*
Ateşim yok, ateşliyim.	Ich habe kein Fieber, ich bin feurig.
Çok sinirsin.	*Sehr nervend bist du.*
Bir öpücük, yalnız bir tane.	Ein Küßchen, nur eines.
Öpücük möpücük yasak.	*Küßchen und so sind verboten.*
Ahhh, yandım.	Ooh, mir geht's so schlecht.
Geçmiş olsun!	*Gute Besserung!*

sinir

wird nicht nur für die Nerven selbst benutzt, sondern auch, wenn einem etwas oder jemand auf dieselben geht:

sinir!	Meine Nerven!
sinir bir insan	nervender Mensch

1. Verneinen Sie:

«Türk müsün?» – «Hayır, Türk değilim.»

1. Türk müsün? **2.** Emin misin? **3.** Hasta mısın? **4.** Güzel misin? **5.** Yalnız mısın? **6.** Sakin misin? **7.** Tamam mısın? **8.** Açık mısın? **9.** Rahat mısın?

2. Welche Antwort paßt?

1. Biraz bekler misiniz?
a Ne kadar sürer?
b Adam başı ne kadar?

2. Neyin var?
a Uçak kalkıyor.
b Midem ağrıyor.

3. Neredesin?
a Hastayım.
b Evdeyim.

4. Biraz sıcaksın.
a Evet. Ateşim var.
b Evet. Kitabım var.

5. Randevu saat kaçta?
a Emin değilim.
b Güzel değilim.

3. Sie haben ein Problem. Fragen Sie, ob's etwas dagegen gibt.

«Canım sıkılıyor. Bir çare var mı?»

1. canım sıkılıyor **2.** sinirlerim bozuk **3.** param yok **4.** geç kaldık **5.** hava iyi **6.** sigara içmek yasak **7.** bu kız çok hoşuma gitti

4. Daran ist nicht zu rütteln.

«Camide şarap içmek yasaktır.»

1. camide şarap içmek yasak
2. ateş sıcak
3. bal tatlı
4. Türkiye'de çay var
5. havada otobüs yok
6. Allah büyük

Wo drückt der Schuh?

midem bulanıyor	mir ist übel
ishal oldum	ich habe Durchfall
sancım var	ich habe Krämpfe
moralım bozuldu	mir ist die Stimmung verdorben

Ⓩ Alle Wörter

Freizeit

spazieren
gezmek

Teehaus für Männer
kahve (-hane)

Backgammon
tavla

spielen
oynamak

unser Picknickplatz
piknik yerimiz

Buch
kitap

lesen
okumak

Ferien
tatil

Verben

machen, tun
yapmak

kommen
gelmek

weiß nicht
bilmem

funktioniert
çalışıyor

fängt an
başlıyor

tut weh
ağrıyor

warten
beklemek

sich ärgern, langweilen
can... sıkılıyor

gefallen
hoş...-a gitti

was bedeutet das?
ne demek?

telefonieren
telefon etmek

Substantive

Idee
fikir

Wetter, Luft
hava

Berg
dağ

Hilfe
yardım

Seite, Richtung
taraf

Zustand
durum

Schwitzbad
hamam

Kuß
öpüş

Telefonmünze
jeton

Telefon
telefon

Doktor

krank, Kranke(r)
hasta

Kopf
baş

Magen
mide

Nerven
sinir

Abhilfe
çare

Fieber, Feuer
ateş

Zeit und Raum

Verabredung
randevu

daneben
yanında

letztes Jahr
geçen sene

Sonntag
pazar

am Montag
pazartesi günü

jetzt
şimdi

Drum und Dran

wollen, sollen
-(y)alım, -(y)elim

ich bin
-(y)im

weil
çünkü

ruhig
sakin

fertig, alles klar
tamam

Post
PTT

der Groschen ist gefallen
jeton düştü

allein, nur
yalnız

jemand
kimse

sicher
emin

verboten
yasak

weshalb?
neden?

richtig, direkt
doğru

Formeln

In einer so formellen Gesellschaft wie der türkischen spielen Formeln und Fertigsätze eine ungeheuer wichtige Rolle. Hier die häufigsten:

çok yaşa	«Gesundheit!» Nach dem Niesen.
siz de görün	Erwiderung auf «çok yaşa!».
sıhatler olsun	«Wohl bekomm's!» Nach einem Bad, dem Haareschneiden, Rasieren etc.
başınız sağ olsun	«Möge Ihr Haupt gesund bleiben!» Wie unser «Mein Beileid!» zum Kondolieren.
bayramınız kutlu olsun	«Gesegnete Feiertage!» – «Feiertage» *(bayram)* durch anderes wie Geburtstag etc. ersetzbar.
bereket versin	«Möge es Segen bringen!» Dank nach Abschluß eines Geschäfts bei Entgegennahme des Geldes.
kolay gelsin	«Möge es leichtfallen!» Formel, wenn man jemanden etwas arbeiten sieht.
Güle güle oturun	«Viel Freude beim Wohnen!» «güle güle» + irgendein Imperativ, um Glück zu wünschen.
helal olsun	Verzichtsformel auf eigene Ansprüche. So etwa: «Es ist schon in Ordnung!»
iyi ...ler/lar	«Viel Spaß beim ...» Man kombiniert «iyi» (gut) mit einer Pluralkonstruktion:
iyi eğlenceler	«iyi» + «eğlence» (Vergnügen) + «-ler» = «Viel Vergnügen!»

Monate

Januar	**ocak**	**temmuz**	Juli
Februar	**şubat**	**ağustos**	August
März	**mart**	**eylül**	September
April	**nisan**	**ekim**	Oktober
Mai	**mayıs**	**kasım**	November
Juni	**haziran**	**aralık**	Dezember

Ⓩ Hier fehlt's

Zeigen Sie, was Sie gelernt haben. Sie dürfen auch wieder auf der nächsten Seite spicken:

Küçük problemler – Kleine Probleme

Her akşam canım ....
Neden?
.... arkadaşım yok.
Yalnız ....sın?
Evet. Telefon.................. da bozuk.
O .... biraz gez. Çarşıya git.
Başka .... yok mu?
Bilmem. Kitap ....
Bu iyi bir .... Teşekkür ederim.
Bir .... değil.

Doktor hanım, randevu.. yok fakat -
Randevu.................. olmaz. Bu akşam gelin.
Saat ....?
.... yirmi buçukta.
Çok geç. Her .... ağrıyor.
O zaman hamam.. gidin.
Olmaz. .... pazartesi.
.... demek?
Bugün kapalı.
Emin ....?
Eminim. Arkadaşım hamamda çalış..................
Peki. Neyiniz var?

Telefon çalışıyor ....?
.... Çok sinir.
Yardım .... misiniz?
Evet. Gel!
Bak! – Şimdi çalışıyor.
Ha! .... düştü.
Eee? .... yok mu?
Biraz bekle – Hayır, kimse ....
Hay Allah. Ne yap..................?

Hier steht's

Hören Sie die drei Dialoge von der Cassette. Vergleichen Sie die Lösungen, die Sie gefunden haben, und plappern Sie einfach nach:

Küçük problemler – Kleine Probleme

Her akşam canım sıkılıyor.
Neden?
Çünkü arkadaşım yok.
Yalnız mısın?
Evet. Telefonum da bozuk.
O zaman biraz gez. Kahveye git.
Başka çare yok mu?
Bilmem. Kitap oku.
Bu iyi bir fikir. Teşekkür ederim.
Bir şey değil.

Doktor bey, randevum yok fakat -
Randevusuz olmaz. Bu akşam gelin.
Saat kaçta?
Saat sekizde.
Çok geç. Her tarafım ağrıyor.
O zaman hamama gidin.
Olmaz. Bugün pazartesi.
Ne demek?
Bugün kapalı.
Emin misiniz?
Eminim. Kardeşim hamamda çalışıyor.
Peki. Neyiniz var?

Telefon çalışıyor mu?
Hayır. Çok sinir.
Yardım ister misin?
Evet. Gel!
Bak! – Şimdi çalışıyor.
Ha! Jeton düştü.
Eee? Kimse yok mu?
Biraz bekle – Hayır, kimse yok.
Hay Allah. Ne yapalım?

(Z) Prüfstand

1. Haben Sie aufgepaßt?

1. *Okey* ist der Name

a einer Fastfood-Kette.
b einer Art Rommé mit Spielsteinen.
c des türkischen Basketballmeisters.

2. Unter *oralet* versteht man

a einen Zungenkuß.
b einen Gesellschaftstanz.
c ein Brausegetränk.

3. Türkinnen fühlen sich wohler im

a kahve.
b aile salonu.
c devlet hastanesi.

4. In der Türkei sind

a Staatspräsidenten automatisch Religionsführer.
b Religion und Staat getrennt.
c Verfechter des *şeriat* in jeder Regierung.

5. Gegen den bösen Blick schützt man sich

a durch regelmäßige Schwitzbadbesuche.
b durch Eigenblutspritzen.
c durch blaue Perlen.

6. *Eczane* ist eine Bezeichnung für

a Backenzähne.
b Apotheken.
c Hautausschläge.

2. Sagen Sie's auf deutsch:

1. Hamama gidelim mi?
2. Bugün canım sıkılıyor.
3. Piknik yerimizde tavla oynayalım.
4. Sigara içmek yasak.
5. Bu halı hoşuma gidiyor.

3. Rätsel

1. Was der christlichen Welt das Rote Kreuz.
2. Fällt jedem Erdenbürger zuerst ins Auge.
3. Ausruf am Ende der Begriffsstutzigkeit.
4. Hallt fünfmal am Tag übers Land.
5. Schweißtreibende Fettpolsterrichtstätte.

4. Was paßt zusammen?

1. Başınız
2. Özel doktorlar
3. Yazın hava
4. Konser saat
5. Camide şarap

a içmek yasaktır
b sekizde başlıyor
c sağ olsun
d güzeldir
e çok pahalı

5. Wie lautet die richtige Antwort?

1. Türk müsünüz?
   a Hayır, yabancıyım.
   b Hayır, doktorum.

2. Neyiniz var?
   a Midem ağrıyor.
   b Tatil başlıyor.

3. PTT ne demek?
   a PanTürkische Tradition demek.
   b Posta, Telegraf, Telefon demek.

4. Hangi günde geliyorsunuz?
   a Geçen sene.
   b Salı günü.

5. Çok yaşa!
   a Yanında.
   b Siz de görün.

6. Telefon çalışıyor mu?
   a Hayır, bozuk.
   b Hayır, kitap.

7. Piknik yerimiz çok kalabalık.
   a Doğru.
   b Durum.

Kurzgrammatik

Wir listen hier die wichtigsten grammatischen Themen auf, die in diesem Buch vorkommen. Keine Angst, Sie sollen hier nicht pauken. Nutzen Sie diese Kurzgrammatik zum Nachschlagen. Machen Sie sich einen Eindruck davon, wie ganz anders als die indoeuropäischen Sprachen Türkisch funktioniert.

Vokalharmonie

Das Türkische unterteilt insgesamt acht Vokale in zwei Gruppen:

vier im vorderen Mundraum gebildete, hellklingende	vier im hinteren Mundraum gebildete, dunkelklingende
e - i - ö - ü	**a - ı - o - u**

In rein türkischen Wörtern stecken in der Regel nur Vokale aus jeweils einer Gruppe. Man nennt dies Vokalharmonie. Diese gilt auch für Anhängsel und Endungen. Der letzte Vokal des Wortes, an das angehängt wird, entscheidet:

	auf	folgt im Anhängsel
Kleine Vokalharmonie	e, i, ö, ü (İzmir)	e (İzmir'de in İzmir)
	a, ı, o, u (Oslo)	a (Oslo'da in Oslo)
Große Vokalharmonie	e, i (ben ich)	i (benim mein)
	ö, ü (düş Traum)	ü (düşüm mein Traum)
	a, ı (ada Insel)	ı (adası seine Insel)
	o, u (yavru Junge)	u (yavrusu sein Junges)

Ausnahmen von dieser Regel sind einige wenige türkische Wörter (elma – Apfel), zusammengesetzte Wörter wie «Atatürk», Fremd-, Lehnwörter sowie einige Anhängsel wie «-yor» oder «-ki».

Artikel

erkek Mann, der Mann	**bir erkek** ein Mann
kadın Frau, die Frau	**bir kadın** eine Frau

Männlich, weiblich, sächlich gibt es nicht. Der bestimmte Artikel (der, die, das) fehlt. Für den unbestimmten Artikel steht das Zahlwort «bir» (ein, eine).

Konsonantenwandel

Es existieren zwei große Konsonantengruppen:

stimmhafte:	b, c, d, g (ğ), v, j, z sowie l, m, n, y
stimmlose:	p, ç, t, k, f, ş, s, h

In vielen meist mehrsilbigen Wörtern werden stimmhafte Konsonanten stimmlos und umgekehrt, wenn

a) ein mit einem Vokal beginnendes Anhängsel an das Wort tritt:

kitap	**kitabım**	mein Buch
kılıç	**kılıcım**	mein Schwert
kilit	**kilidim**	mein Türschloß
renk	**rengim**	meine Farbe
köpek	**köpeğim**	mein Hund

b) ein mit einem Konsonanten beginnendes Anhängsel an das Wort tritt:

	Alman (Deutscher)	+	**-ca**	= **Almanca** (Deutsch)
aber!	**Türk** (Türke)	+	**-ce**	= **Türkçe** (Türkisch)
	ev (Haus)	+	**-de**	= **evde** (zu Hause)
aber!	**sokak** (Straße)	+	**-da**	= **sokakta** (auf der Straße)

Anhängsel

Nach der Formenlehre gehört das Türkische zu den sogenannten agglutinierenden Sprachen. Diese drücken grammatische Beziehungen durch Ankleben (Agglutinieren) von Endungen aus. Derlei Endungen können sowohl an Verbstämme wie an sämtliche deklinierbare Wortarten treten. Die Wurzeln des Wortes bleiben dabei im wesentlichen unverändert. So gibt es unter anderen Endungen für

Plural	ev (Haus) + -ler = evler (Häuser)
Wortbildungen	süt (Milch), sütçü (Milchmann), sütçülük (Milchwirtschaft)
Possessivpronomen	evler (Häuser) + -im = evlerim (meine Häuser)
Präpositionen	evlerim (meine Häuser) + -de = evlerimde (in meinen Häusern)
Deklinationen	ev (Haus) + -in = evin (des Hauses)
Personalpronomen	güzel (schön) + -sin = güzelsin (du bist schön)
Zeiten	gelmek (kommen) + -ecek = gelecek (sie wird kommen)
Hilfsverben	gelmek (kommen) + -ebil = gelebilmek (kommen können)
Passiv	açmak (öffnen) + -ıl = açılmak (geöffnet werden)
Partizipien	koşmak (rennen) + -arken = koşarken (während er rannte)
Nebensätze	gelmek (kommen) + -eceğim = geleceğim (daß ich komme)
Relativsätze	gelmek (kommen), gelen çocuk (das Kind, das kommt)

Plural

Ohne Endung:	Die Mehrzahl ist in den Grundformen eigentlich schon enthalten:
otel var mı?	Gibt es ein Hotel/Hotels?

So sind nach Zahlbegriffen Pluralendungen erst recht unnötig:

çok/üç otel var.	Es gibt viele/drei Hotels.
Mit Endung:	Meint man jedoch eine Mehrzahl, die sich aus ganz konkreten Einheiten zusammensetzt, muß die Endung **-ler/-lar** her:
Türkiye'deki oteller.	Die Hotels in der Türkei.

«-ler/-lar» fügt man nicht nur an Hauptwörter an, sondern auch an Personenbezeichnungen (Mehmetler – Mehmet und die Seinen), Fragewörter (kimler/neler – wer alles/was alles?), Pronomen (bizler – wir alle) oder Adjektive (güzeller – die Schönen)

Wortbildungsanhängsel

Von den zahlreichen hier nur die wichtigsten

-li (-lü, -lı, -lu)	akıl (Verstand) Münih (München)	akıllı (klug) Münihli (Münchner)	versehen mit stammend aus
-siz (-süz, -sız, -suz)	iş (Arbeit)	işsiz (arbeitslos)	ohne
-lik (-lük, -lık, -luk)	sarı (gelb) göz (Auge) saat (Stunde)	sarılık (Gelbsucht) gözlük (Brille) bir saatlık (einstündig)	Substantive Gebrauchs-gegenstände Maßangaben
-ci (-cü, -cı, -cu)	geri (zurück) iş (Arbeit)	gerici (rückschrittlich) işçi (Arbeiter)	Adjektive Berufe
-ce (-ca)	Türk (Türke) böyle (so) herkes (jeder)	Türkçe (Türkisch) böylece (auf diese Weise) herkesçe (von jedem)	Sprache Adverb Passiv «von»
-cik (-cük, -cık, -cuk)	ev (Haus)	evcik (Häuschen)	Verkleinerung
-cağız (-ceğiz)	adam (Mann)	adamcağız (der arme Mann)	Mitleid

Kurzgrammatik

Pronomen

	Personal	Dativ	Akkusativ	Possessiv
1. Person **Einzahl**	**ben** (ich)	**bana** (mir)	**beni** (mich)	**benim** (mein)
2. Person	**sen**	**sana**	**seni**	**senin**
3. Person	**o**	**ona**	**onu**	**onun**
1. Person **Mehrzahl**	**biz**	**bize**	**bizi**	**bizim**
2. Person	**siz**	**size**	**sizi**	**sizin**
3. Person	**onlar**	**onlara**	**onları**	**onların**

Possessivendungen

Die Possessivpronomen «mein, dein, sein» etc. bemüht man nur zur Hervorhebung. Wortendungen mit derselben Bedeutung reichen meistens aus:

	nach Konsonanten	nach Vokal	Ausnahme «Wasser»
mein	**-im (-üm, -ım, -um)**	**-m**	**suyum**
dein	**-in (-ün, -ın, -un)**	**-n**	**suyun**
sein, ihr	**-i (-ü, -ı, -u)**	**-si (-sü, -sı, -su)**	**suyu**
unser	**-imiz (-ümüz, -ımız, -umuz)**	**-miz (-müz, -mız, -muz)**	**suyumuz**
euer, Ihr	**-iniz (-ünüz, -ınız, -unuz)**	**-niz (-nüz, -nız, -nuz)**	**suyunuz**
ihr	**-leri (-ları)**	**-leri (-ları)**	**suları**

Endungen zur Deklination

	nach Konsonant	nach Vokal
Nominativ	**ev** (das Haus)	**baba** (der Vater)
Genitiv	**-in (-ün, -ın, -un)**	**-nin (-nün, -nın, -nun)**
	evin	**babanın** (des Vaters)
Akkusativ	**-i (-ü, -ı, -u)**	**-yi (-yü, -yı, -yu)**
	evi	**babayı** (den Vater)

Lokativ	**-de (-da)**	**-de (-da)**
	evde	**babada** (beim Vater)
Ablativ	**-den (-dan)**	**-den (-dan)**
	evden	**babadan** (vom Vater)

Genitivkonstruktion

Will man Worte, Begriffe oder sogar Satzteile näher bestimmen, kommt man im Türkischen um Genitivkonstruktionen (Konstruktionen aus Genitiv- und Possessivendungen) nicht herum. Die Reihenfolge der Wörter muß man sich dabei gerade andersherum denken als im Deutschen:

Deutsch	**Türkisch**
das Haus des Freundes	des Freundes Haus
Das bestimmende Wort am Anfang (Freund, arkadaş) bekommt eine Genitivendung:	Das Grundwort am Ende (Haus, ev) bekommt eine Possessivendung:
(des Freundes) **arkadaşın**	**evi** (sein Haus)
Auch dann Genitivendung, wenn zusätzliche Endungen dran sind, wie z.B. «mein»:	
(meines Freundes) **arkadaşımın**	**evi** (sein Haus)
Wegfallen kann Genitivendung nur, wenn es feste Wortverbin dungen sind:	
(der Türkei) **Türkiye**	**Cumhuriyeti** (ihre Republik)
Bei losen Wortverbindungen jedoch nicht:	
(der Türkei) **Türkiye'nin**	**şehirleri** (ihre Städte)
	Unter Einführung eines «n» kann man die Deklinationsendungen anfügen:
	Türkiye'nin şehirlerinde In den Städten der Türkei

Kurzgrammatik

haben – nicht haben

Ein dem deutschen «haben» vergleichbares Wort fehlt. Statt dessen wird es umschrieben, wobei die Genitivkonstruktion wieder eine wichtige Rolle spielt:

Bestimmungswort mit Genitiv	Grundwort mit Possessiv	**var** es gibt **yok** es gibt nicht	
	mein Geld **param**	**var** gibt es	ich habe Geld
	dein Geld **paran**	**yok** gibt es nicht	du hast kein Geld
Peter'in	sein Geld **parası**	**var** gibt es	Peter hat Geld

sein

Die Endungen «bin, bist» etc. beinhalten «ich, du, er» etc. bereits. Personalpronomen sind also nur wieder zur Hervorhebung erforderlich.

ich	**(ben)**	**-(y)im (-üm, -ım, -um)**	**zekiyim** bin klug
du	**(sen)**	**-sin (-sün, -sın, -sun)**	**üzgünüm** bist traurig
es	**(o)**	**-dir (-dür, -dır, -dur)**	**sıcaktır** ist heiß
wir	**(biz)**	**-(y)iz (-üz, -ız, -uz)**	**memnunuz** sind zufrieden
ihr/Sie	**(siz)**	**-siniz (-sünüz, -sınız, -sunuz)**	**güzelsiniz** seid/sind schön
sie	**(onlar)**	**-dir (-dür, -dır, -dur)lar**	**Urfa'dadırlar** sind in Urfa

«ist» **(-dir)** uns «sind» **(-dirler)** braucht man nur zur Bekräftigung oder bei grundsätzlich zutreffenden Aussagen:

hava yağışlı	**ateş sıcaktır**
das Wetter ist (gerade) regnerisch	Feuer ist (grundsätzlich) heiß

Verneinung erfolgt mit **«değil»**

zeki değilim	ich bin nicht klug
üzgün değilsin	du bist nicht traurig
sıcak değildir	es ist nicht heiß

Kurzgrammatik

Fragewörtchen «mi, mü, mı, mu»

Fehlen Fragewörter wie «wer, wie, was» werden Fragesätze mit **«mi»** gebildet.
Dieses steht immer nach demjenigen Satzteil, der hervorgehoben werden soll.

hava güzel mi?	ist das Wetter schön?
hava mı güzel?	das Wetter ist schön?
üzgün değil misin?	bist du nicht traurig?

Verben

Ein Verb besteht aus dem im wesentlichen unveränderlichen Stamm und Endungen.
Die Endung **«-mek, -mak»** bildet den Infinitiv. Z.B.: **gitmek** – gehen.

Verbstämme kann man durch spezielle Endungen auch aus Adjektiven/Substantiven bilden	**kilit** (Schloß) + **-le** **kilitlemek** (abschließen)
Man kann Verben außerdem auch durch Streichen des Infinitiv-**k** in Substantive umwandeln	**konuşmak** (sprechen) **konuşma** (das Sprechen, Rede)

yor-Präsens

Es kommt zur Verwendung in der direkten Rede bei subjektiven Äußerungen.

Infinitiv	Verbstamm (ohne eventuell am Ende befindlichen Vokal)	+ -i (-ü, -ı, -u) **yor**	+ personenanzeigende Endung
gülmek	**gül-**	**-üyor**	**-um** (ich lache)
istemek	ist(e)-	-iyor	-sun (du willst)

	bejaht	verneint	fragend
ich lache	**gülüyorum**	**gülmüyorum**	**gülüyor muyum?**
du lachst	**gülüyorsun**	**gülmüyorsun**	**gülüyor musun?**
er lacht	**gülüyor**	**gülmüyor**	**gülüyor mu?**
wir kommen	**geliyoruz**	**gelmiyoruz**	**geliyor muyuz?**
ihr/Sie machen	**yapıyorsunuz**	**yapmıyorsunuz**	**yapmıyor musunuz?**
sie lachen	**gülüyorlar**	**gülmüyorlar**	**gülüyorlar mı?**

r-Präsens

Man bezeichnet diese zweite türkische Gegenwart auch als «objektives Präsens», weil sie eher für Allgemeingültiges, Gewohnheitsmäßiges oder Belehrendes verwendet wird.

Infinitiv	Verbstamm	+ (-e, -a, -i, -ü, -ı, -u)r	+ personenanzeigende Endung
yemek	**ye-**	**-r**	**-im** (ich esse)
gelmek	**gel**	**-ir**	**-im** (ich komme)

	bejaht		verneint	fragend
ich esse	**yerim**	ich esse nicht	**yemem**	**yer miyim?**
du ißt	**yersin**		**yemezsin**	**yer misin?**
sie ißt	**yer**		**yemez**	**yer mi?**
wir kommen	**geliriz**		**gelmeyiz**	**gelir miyiz?**
ihr/Sie machen	**yaparsınız**		**yapmazsınız**	**yapar mısınız?**
sie essen	**yerler**		**yemezler**	**yerler mi?**

Daneben gilt die Frage mit dem r-Präsens auch als besonders höflich

hesap getirir misiniz bringen Sie bitte die Rechnung

Imperfekt

sein		Stamm + Endung		fragend	verneint
idim	ich war	**geldim**	ich kam	**geldim mi?**	**gelmedim**
idin		**geldin**	du kamst	**geldin mi?**	**gelmedin**
idi		**geldi**	es kam	**geldi mi?**	**gelmedi**
idik		**güldük**	wir lachten	**güldük mü?**	**gülmedik**
idiniz		**aradınız**	ihr suchtet	**aradınız mı?**	**aramadınız**
idiler		**geldiler**	sie kamen	**geldiler mi?**	**gelmediler**

Bu adam kim idi? → **Bu adam kimdi?** Wer war dieser Mann?

Neşeli idik. → **Neşeliydik.** Wir waren fröhlich.

Kurzgrammatik

Futur

bejaht		fragend	verneint
geleceğim	ich werde kommen	**gelecek miyim?**	**gelmiyeceğim**
geleceksin	du wirst kommen	**gelecek misin?**	**gelmeyeceksin**
gelecek	er/sie wird kommen	**gelecek mi?**	**gelmeyecek**
güleceğiz	wir werden lachen	**gülecek miyiz?**	**gülmeyeceğiz**
arayacaksınız	ihr werdet suchen	**arayacak mısınız?**	**aramayacağız**
gelecekler	sie werden kommen	**gelecekler mi?**	**gelmeyecekler**

Mit der Frage kann auch ein «sollen/müssen» ausgedrückt werden:

gelecek miyim? soll ich kommen?

Anhängsel «-miş»

Drückt das Perfekt aus (abgeschlossen, reicht aber bis in die Gegenwart):

sigorta yanmış die Sicherung ist durchgebrannt

Gibt Wissen aus zweiter Hand wieder (Annahme, Vermutung):

Mehmet hastaymış Mehmet soll krank sein

Bei Erzählungen:

bir varmış bir yokmuş es war einmal ...

während .../ indem ... / als ...

...und ähnliches stehen im Türkischen nicht für sich, sondern sind als in der Regel unveränderliches Anhängsel Bestandteil einer Wortkonstruktion:

-ken (nach Substantiven, Adjektiven)	**çocukken** als Kind (während ich Kind war) **tazeyken ye** iß (es), solange es frisch ist
-irken (-erken, -ürken) **-ırken, (-arken, -urken)**	**yemek yerken** (Verbstamm «ye» + «rken») **okudum** ich las (es), während ich aß
-erek, -arak (nach Verbstamm)	**çalışarak öğrendim** ich lernte (es), indem ich arbeitete
-ince (-ünce, - onu ınca, -unca) (nach Verbstamm)	**görünce güldüm** als ich es sah (nachdem ich es gesehen hatte), lachte ich

Wortfolge im Satz

Grundregel: Das Bestimmende steht immer vor dem Bestimmten. Da selbst Nebensätze, besonders Relativsätze, durch Verbkonstruktionen ersetzt werden, steht das konjugierte Verb eines Satzes immer am Satzende.

Nurhan	**bugün**	**evde**	**bana**	**bir ders**	**verecek.**
Subjekt	Umstands-bestim-mung der Zeit	Umstands-bestim-mung des Ortes	Objekt im Dativ/ Ablativ	Akkusativ	Prädikat
Nurhan	heute	zu Hause	mir	eine Lektion	wird erteilen.

Während das Prädikat auf jeden Fall immer bleiben muß, können Satzteile, die besonders betont werden sollen, vor das Prädikat gerückt werden:

Nurhan evde bana bir ders <u>bugün</u> verecek.

Nurhan wird mir zu Hause die (schon lang erwartete) Lektion <u>heute</u> erteilen.

Schlüssel

Üben 1

1. **1.** d **2.** c **3.** e **4.** a **5.** b

2. **1.** dört **2.** üç **3.** dört **4.** iki **5.** üç

3. **1.** b **2.** a **3.** b **4.** c **5.** c

4. **1.** beş, üç, sıfır, iki, dört, bir **2.** sıfır, sıfır, dört, üç, beş, iki **3.** dört, iki, bir, bir, beş **4.** iki, iki, dört, bir, üç, sıfır **5.** üç, beş, beş, bir, sıfır, dört **6.** iki, üç, beş, dört, sıfır, bir

Üben 2

1. **1.** b **2.** a **3.** a **4.** b **5.** a

2. **1.** çok **2.** haydi **3.** neresinden **4.** Mehmet

3. **1.** Nereye kardeş? **2.** Memleketin ne? **3.** Neresinden? **4.** Çok güzel. **5.** Çok iyi. **6.** Haydi, Allaha ısmarladık. **7.** Selâmünaleyküm.

4. **1.** üç, dört **2.** iki, iki **3.** üç, beş **4.** bir, altı **5.** sıfır, altı **6.** sıfır, sekiz **7.** bir, yedi **8.** altı, bir **9.** iki, sekiz **10.** beş, beş

Üben 3

1. **1.** Fatama'da **2.** Fransa'da **3.** dükkanda **4.** Lütfü'de **5.** Türkiye'de **6.** evde **7.** teyzede **8.** kızımda **9.** Almanya'da

2. **1.** Lütfü mü? **2.** Lale mi? **3.** Orhan mı? **4.** Mehmet mi? **5.** Attila mı? **6.** Nilgün mü? **7.** Hakkı mı? **8.** Turgut mu? **9.** Erol mu? **10.** Fatma mı? **11.** Çiğdem mi? **12.** Tansu mu? **13.** Ali mi?

3. **1.** Türkiye güzel mi? **2.** Hoş geldiniz. **3.** Buyurun, Semrah hanım.

4. Bir şey değil. **5.** Merhaba, arkadaş. **6.** Kemal bey nerede? **7.** Öyle mi?

4. **1.** a **2.** b **3.** a **4.** b **5.** a

Prüfstand 1–3

1. **1.** altı **2.** yedi **3.** beş **4.** dokuz **5.** sekiz **6.** bir **7.** dört **8.** on **9.** üç **10.** iki

2. **1.** b **2.** c **3.** a **4.** b **5.** b

3. **1.** cami **2.** hanım **3.** ayıp **4.** sıfır **5.** arkadaş **6.** ben

4. **1.** b **2.** c **3.** c **4.** b **5.** c **6.** b

5. **1.** güzel mi? **2.** altı mı? **3.** Almanya'da mı? **4.** siz mi? **5.** evde mi? **6.** çok mu? **7.** Ayşe mi? **8.** arkadaş mı? **9.** öyle mi?

Üben 4

1. **1.** a **2.** b **3.** a **4.** b **5.** b

2. **1.** on beş **2.** yetmiş bir **3.** doksan beş **4.** yüz kırk dokuz **5.** üç yüz otuz iki **6.** dokuz yüz yirmi **7.** bin iki yüz yetmiş **8.** bin beş yüz altmış yedi **9.** üç yüz seksen beş bin

3. **1.** Halı var mı? **2.** Pazar var mı? **3.** Cami var mı? **4.** Dükkan var mı? **5.** Kapı var mı? **6.** Arkadaş var mı?

4. **1.** Halı var mı? **2.** Orada çarşı var mı? **3.** Orada halı yok. **4.** Elli milyon yok. **5.**Kardeş var mı? **6.** Arkadaş var mı?

5. **1.** Her şey pahalı mı? **2.** Her şey ucuz mu? **3.** Her şey güzel mi? **4.** Her şey kaliteli mi? **5.** Her şey kapalı mı? **6.** Her şey öyle mi? **7.** Her şey şöyle böyle mi?

Üben 5

1. **1.** halılar **2.** çarşılar **3.** portakallar **4.** kardeşler **5.** kızlar **6.** memleketler **7.** kilimler **8.** kavunlar **9.** beyler **10.** hanımlar

2. **1.** c **2.** e **3.** d **4.** a **5.** f **6.** g **7.** b

3. **1.** tanesi bir milyon **2.** tanesi üç milyon iki yüz elli dört bin **3.** tanesi yirmi beş bin iki yüz altmış beş **4.** tanesi doksan beş bin **5.** sekiz yüz yetmiş üç bin

4. **1.** kardeşim **2.** portakalın **3.** teyzeniz **4.** teyzeleri **5.** halısı **6.** ikisi

7. adların **8.** arkadaşlarınız **9.** eviniz ne kadar?

Üben 6

1. **1.** a **2.** b **3.** b **4.** b **5.** b

2. **1.** Bozuk paranız var mı? – Maalesef, bozuk param yok. **2.** Türk paranız var mı? – Maalesef, Türk param yok. **3.** Yabancı malınız var mı? – Maalesef, yabancı malım yok. **4.** Türk arkadaşınız var mı? – Maalesef, Türk arkadaşım yok. **5.** Kızınız var mı? – Maalesef, kızım yok. **6.** Evleriniz var mı? – Maalesef, evlerim yok. **7.** Teyzeniz var mı? – Maalesef, teyzem yok. **8.** Eski halılarınız var mı? – Maalesef, eski halılarım yok. **9.** Ucuz bir şeyiniz var mı? – Maalesef, ucuz bir şeyim yok.

3. **1.** .. her şey daha pahalı **2.** ..kavunlar daha büyük **3.** .. mal daha kaliteli **4.** kızlar daha güzel **5.** ..halılar daha eski **6.** ..bankalar daha büyük

4. **1.** Büyük bir torba var mı? **2.** Daha iyi portakal yok mu? **3.** Toplam ne kadar? **4.** Yabancı mal mı? **5.** Dolar da olur mu? **6.** Bu ne?

Prüfstand 4–6

1. **1.** 1b **2.** 2a **3.** 3a **4.** 4a **5.** 5b

2. **1.** c **2.** c **3.** c **4.** b **5.** a

3. **1.** Atatürk **2.** Maşallah! **3.** bakkal **4.** ikram **5.** boyacı

4. **1.** Geçmiş olsun. **2.** Bozuk bir şes daha ucuz. **3.** Kaç tane lâzım? **4.** Hangi kuyumcu daha ucuz? **5.** Ne yapalım? **6.** Yedi kilo olsun. **7.** Bankada bozuk para yok.

5. **1.** b **2.** c **3.** c **4.** a **5.** c **6.** b **7.** a

Üben 7

1. **1.** banyodan **2.** evden **3.** memleketimden **4.** odadan **5.** Türkiye'den **6.** yataktan **7.** kızımdan **8.** çarşıdan **9.** Fransa'dan **10.** bankadan

2. indirimli **2.** anahtarlı **3.** kilimli **4.** rezervasyonlu **5.** dört yataklı **6.** halılı **7.** banyolu **8.** çift kapılı

3. **1.** a **2.** b **3.** b **4.** b **5.** b

4. **1.** Nereden geliyorsunuz? **2.** Çift yataklı oda mı, tek yataklı oda mı?

3. Banyolu olsun. **4.** Bir imza. **5.** Bir dakika. **6.** Tabii. **7.** Fransa'dan. **8.** Harika.

Üben 8

1. 1. a **2.** a **3.** b **4.** b **5.** b

2. 1. Ankara'ya **2.** eve **3.** Almanya'ya **4.** Paris'e **5.** çarşıya **6.** otogara **7.** İzmir'e **8.** dükkana **9.** yatağa **10.** uçağa

3. 1. Uçakla mı, otobüsle mi? **2.** Kardeşimle mi, arkadaşımla mı? **3.** Evimle mi, dükkanımla mı? **4.** Paramla mı, eşyalarımla mı? **5.** Biletlerimizle mi, yerlerimizle mi?

4. 1. Boş ver. **2.** Nereye gidiyorsunuz? **3.** Uçak ne zaman kalkıyor? **4.** Her gün **5.** Kaç kişi? **6.** Bilet ne kadar? **7.** Uzak değil mi?

Üben 9

1. 1. İzmir'e: bir saat kırk dakika. **2.** Urfa'ya: yedi saat. **3.** Çarşıya: yirmi dakika. **4.** Molaya: iki buçuk saat. **5.** Kahvaltıya: kırk beş dakika. **6.** Memleketinize: bir buçuk gün.

2. 1. saat ikide **2.** saat on dokuzda **3.** saat beşte **4.** saat on altı otuzda **5.**.saat on birde **6.** saat yirmi otuzda

3. 1. a **2.** b **3.** a **4.** b **5.** a

4. 1. İnşallah. **2.** Nereye kadar? **3.** Geç kaldık. **4.** Otogara kadar. **5.** Saat kaçta gidiyorsunuz? **6.** Başka uçak yok mu?

Prüfstand 7–9

1. 1 b, **2** a, **3** a, **4** a, **5** a

2. 1. İnecek var! **2.** bahşiş **3.** yaya **4.** kalabalık **5.** benzin istasyonu

3. 1. b **2.** c **3.** b **4.** c **5.** b

4. 1.b **2.**c **3.** c **4.** b **5.** c

5. 1. İnşallah bir uçak var. **2.** Ankara'ya kadar mola yok. **3.** İyi yolculuklar! **4.** Otogar çok uzak değil. **5.** Otobüs saat bir buçukta kalkıyor. **6.** Nereden geliyorsunuz? **7.** Anahtar kapıda. **8.** Mehmet bey için rezervasyon var mı? **9.** Banyolu bir oda var mı?

Üben 10

1. 1. a **2.** b **3.** b **4.** b **5.** b

2. **1.** sıcak çorba **2.** Türk çorba **3.** çok çorba **4.** başka bir çorba **5.** iyi çorba **6.** tereyağlı çorba **7.** öyle bir çorba **8.** memleketimden bir çorba

3. 1. b **2.** d **3.** e **4.** a **5.** c

4. **1.** Bal var mı? **2.** Biraz ekmek istiyorum. **3.** Büyük bir kavun istiyorum. **4.** Banyolu bir oda istiyorum. **5.** Para istiyorum.

Üben 11

1. **1.** Canım kahvaltı etmek istiyor. **2.** Canım tatlı bir kavun istiyor. **3.** Canım sıcak bir kahve istiyor. 4. Canım pide istiyor. 5. Canım tereyağlı, ballı tost istiyor. **6.** Canım peynirli ekmek istiyor. **7.** Canım çorba istiyor.

2. **1.** Bir çay daha içer misiniz? **2.** Hesap getirir misiniz? **3.** Başka bir şey ister misiniz? 4. Taze ekmek getirir misiniz? 5. Çorba içer misiniz? 6. Portakal yer misiniz?

3. **1.** Beethoven Meethoven **2.** tost most **3.** salata malata **4.** peynır meynir **5.** çay may **6.** halılar malılar **7.** yolculuklar molculuklar **8.** ayran mayran **9.** kıyma mıyma

4. 1. b **2.** a **3.** b **4.** b **5.** a

Üben 12

1. yağlı mı, yağsız mı? **2.** ücretli mi, ücretsiz mi? **3.** lezzetli mi, lezzetsiz mi? **4.** banyolu mu, banyosuz mu? **5.** kaliteli mi, kalitesiz mi? **6.** tereyağlı mı, tereyağsız mı? **7.** salatalı mı, salatasız mı?

2. **1.** Canım taze balık istiyor. **2.** Canım tatlı bir kavun istiyor. **3.** Canım peynirli ekmek istiyor. **4.** Canım küçük bir salata istiyor. **5.** Canım yağsız bir şey istiyor. **6.** Canım tatlı bir şey istiyor. **7.** Canım sıcak bir şey istiyor.

3. **1.** Fena değil. Fakat uçak daha iyi. **2.** Fena değil. Fakat şarap daha iyi. **3.** Fena değil. Fakat pirzola daha iyi. **4.** Fena değil. Fakat kıymasız daha iyi. **5.** Fena değil. Fakat çay daha iyi. **6.** Fena değil. Fakat çift yataklı daha iyi. **7.** Fena değil. Fakat İstanbul daha iyi. **8.** Fena değil. Fakat arkadaş daha iyi.

4. **1.** Nasıl isterseniz. **2.** Yandım. **3.** Bir rakı getirir misiniz! **4.** O zaman şarap olsun. **5.** Bira mira sevmem.

Prüfstand 9–12

1. **1** a, **2** b, **3** b, **4** b, **5** a

2. **1.** c **2.** b **3.** a **4.** c **5.** a **6.** c

3. **1.** Gulasch **2.** sade **3.** kaymak **4.** can **5.** leblebi **6.** simit **7.** meyhane **8.** keyif

4. **1.** b **2.** c **3.** b **4.** c **5.** a **6.** b **7.** c

Üben 13

1. **1.** Kahveye gidelim mi? **2.** Kitap okuyalım mı? **3.** Evinize gelelim mi? **4.** Tavla oynayalım mı? **5.** Izgara yapalım mı? **6.** Kahvaltı edelim mi? **7.** Kızımızla gezelim mi?

2. **1.** b **2.** b **3.** a **4.** a **5.** b

3. **1.** Gelme! **2.** Okuma! **3.** Gitme! **4.** İçme! **5.** Yeme! **6.** Yapma!

4. **1.** Gelin! **2.** Okuyun! **3.** Bakın! **4.** Gidin! **5.** Kalkın!

Üben 14

1. Pazartesi günü çarşıya gitmek istiyorum. **2.** Salı günü şarap içmek istiyorum. **3.** Çarşamba günü balık yemek istiyorum. **4.** Perşembe günü kahvede tavla oynamak istiyorum. **5.** Cuma günü gezmek istiyorum. **6.** Cumartesi günü Tango yapmak istiyorum. **7.** Pazar günü çok geç kahvaltı etmek istiyorum.

2. **1.** Bu telefon nasıl çalışıyor? **2.** Bu saat nasıl çalışıyor? **3.** Bu otobüs nasıl çalışıyor? **4.** Bu tuvalet nasıl çalışıyor? **5.** Bu televizyon nasıl çalışıyor?

3. **1.** Tatil ne demek? – Tatil «Ferien» demek. **2.** Yalnız ne demek? – Yalnız «allein» demek. **3.** Geçen sene ne demek? – Geçen sene «letztes Jahr» demek. **4.** Yolculuk başlıyor ne demek? – Yolculuk başlıyor «die Reise beginnt» demek. **5.** Jeton düştü ne demek? – Jeton düştü «der Groschen ist gefallen» demek.

4. **1.** b **2.** b **3.** b **4.** b **5.** b

Üben 15

1. **1.** Hayır, Türk değilim. **2.** Hayır, emin değilim. **3.** Hayır, hasta değilim. **4.** Hayır, güzel değilim. **5.** Hayır, yalnız değilim. **6.** Hayır, sakin değilim. **7.** Hayır, tamam değilim. **8.** Hayır, açık değilim. **9.** Hayır, rahat değilim.

2. **1.** a **2.** b **3.** b **4.** a **5.** a

3. **1.** Canım sıkılıyor. Bir çare var mı? **2.** Sinirlerim bozuk. Bir çare var mı? **3.** Param yok. Bir çare var mı? **4.** Geç kaldık. Bir çare var mı? **5.** Hava iyi değil. Bir çare var mı? **6.** Sigara içmek yasak. Bir çare var mı? **7.** Bu kız çok hoşuma gitti. Bir çare var mı?

4. **1.** Camide şarap içmek yasaktır. **2.** Ateş sıcaktır. 3. Bal tatlıdır. **4.** Türkiye'de çay vardır. **5.** Havada otobüs yoktur. **6.** Allah büyüktür.

Prüfstand 12–15

1. **1.**b **2.** c **3.** b **4.** b **5.** c **6.**b

2. **1.** Wollen wir ins Schwitzbad gehen? **2.** Heute langweile ich mich. **3.** An unserem Picknickplatz wollen wir Backgammon spielen. **4.** Rauchen verboten. **5.** Dieser Teppich hat mir gefallen.

3. **1.** Roter Halbmond **2.** ebe **3.** Jeton düştü **4.** ezan **5.** hamam

4. **1.** c **2.** e **3.** d **4.** b **5.** a

5. **1.** a **2.** a **3.** b **4.** b **5.** b **6.** a **7.** a

Wörterbuch

Dieses Wörterbuch beinhaltet etwa 2300 türkische Wörter und Wendungen. Es gilt zu beachten:

Der Zirkumflex (^), der im Türkischen die Vokallänge bei Lehn- und Fremdwörtern bezeichnet, wird hier nur zur Unterscheidung ansonsten gleich geschriebener Wörter verwendet.

Von den **Präpositionen**, die zum Gebrauch mancher Wörter erforderlich sind, werden einige in Klammern angeführt:
bağlı *abhängen (-e/von)*
duruma bağlı *abhängig von der Situation*

Stark umgangssprachliche Begriffe sind an der entsprechend derben deutschen Übersetzung zu erkennen.

Die Zahlen geben an, auf welcher Seite das Wort eingeführt wird.

A

-(y)a, -(y)e *Anhängsel «hin, zu, nach»* **61**
abla *ältere Schwester* **22**
abuk sabuk *wirr*
acayip *merkwürdig*
acele *eilig, Eile*
acemi *Anfänger*
acı *bitter, scharf* **89**
açacak *Öffner* **85**
açgözlü *gierig*
açık *offen, hell* **77**
ad *Name* **17**
ada *Insel*
ada çayı *Salbeitee*
adalet *Gerechtigkeit*
adam *Mensch, Mann*
adam başı *pro Person* **61**
adet bezi *Damenbinde*
adın/ız ne? *wie ist dein/Ihr Name?* **17**
aferin! *bravo! (zum Kind)*
affedersin/iz *entschuldige/n -/Sie bitte* **25**
afiyet olsun *guten Appetit* **77**
ağabey *älterer Bruder* **22**
ağaç *Baum*
ağır *schwer*
ağız *Mund*
ağlamak *weinen*
ağrıyor *tut weh* **105**
ağustos *August* **109**
ahlak *Moral*
aile *Familie* **96**
aile pansiyonu *Familienpension* **56**
ait olmak *gehören (-e/zu)*
ak *weiß;* **- baba** *Geier*
Akdeniz *Mittelmeer*
akıllı *klug*
akıyor *fließt*
akraba *Verwandtschaft* **20**
akşam *Abend* **65**
akşamcı *allabendlicher Zecher, Nachtschwärmer* **84**
akşamları *abends* **65**
alabalık *Forelle*
alafranga/alaturka tuvaleti *Sitz-/Hockklo* **55**
alçak *niedrig, gemein*
alçak gönüllü *bescheiden*

aldırmamak *keine Beachtung schenken*
alet *Instrument, Werkzeug*
aleykümselâm *mit euch Frieden* **21**
alıngan *empfindlich*
alış *Einkauf (-spreis)* **39**
alışkın *gewöhnt*
alkış *Beifall*
Allah birdir *Gott ist einzig* **23**
Allah büyüktür *Gott ist groß* **94**
Allaha ısmarladık *auf Wiedersehen* **21**
almak *nehmen, kaufen*
Alman *deutsch, Deutscher*
-ca *Deutsch* **46**
Almanya *Deutschland* **21**
alt *unter-*
altı *sechs* **21**
altın *Gold*
ama *aber*
amaç *Ziel, Zweck*
amca *Onkel* **22**
ameliyat *Operation*
ampul *Glühbirne*
anahtar *Schlüssel* **57**
ancak *nur, höchstens*
aniden *plötzlich*
anlamadım *habe es nicht verstanden* **17**
anlamsız *sinnlos*
anlaşılır *begreiflich*
anlatmak *erklären*
anlayışsız *verständnislos*
anne *Mutter*
aptal *dumm*
aptes *rituelle Waschung*
araba *Wagen*
aralık *Dezember* **109**
aramak *suchen*
aramızda *unter uns*
arı *Biene*
arkadaş *Freund, Kollege* **25**
armut *Birne* **89**
artık *endlich; mit Verneinung: mehr*
arzu *Wunsch* **45**
asansör *Aufzug*
asker *Soldat*
aslından *an und für sich*
aşağı yukarı *ungefähr*
aşçı *Koch*
aşık *verliebt (-elin)*
aşırı *übertrieben*
aşk olsun! *so ist's recht!*
at *Pferd*
ateş *Feuer, Fieber* **105**
atlamak *springen*
atmak *werfen*
av *Jagd*
ay *Mond, Monat;* **-ın kaçı ?** *der wievielte? (Datum)*
ayar *Goldfeingehalt* **35**
aybaşı *Menstruation*
aydın *Intellektueller;* **-lık** *hell, klar*
ayı *Bär*
ayık *nüchtern*
ayıp *ungehörig* **24**
ayna *Spiegel*
aynasız *Schimpfwort für Polizisten*
aynı *der-, die-, dasselbe*
ayran *Joghurtgetränk* **81**
ayrıca *außerdem*
ayva *Quitte*
az *wenig*
az kalsın *beinahe*
azalmak *sich verringern*

B

baba *Vater* **20**
bacak *Bein*
badem *Mandel*
bağırmak *schreien*
bağlamak *binden*
bağlı *abhängig (-elvon)*
bahar *Frühling*
baharat *Gewürz*
bahçe *Garten*
bahşiş *Trinkgeld* **56**
bakalım *wir wollen sehen* **57**
bakan *Minister*
bakar mısın/ız *würdest du/würden Sie bitte schauen* **77**
bakımsız *verwahrlost*
bakır *Kupfer*
bakire *Jungfrau*
bakkal *Krämer 44*
bakla *Saubohne*
baklava *Honig-Nuß-Strudel* **80**
bakmak *schauen*
bal *Honig* **77**
balıkçıl *Reiher*
banka *Bankinstitut* **45**
banyo *Bad* **57**
bardak *Trinkglas*
barış *Frieden*
barsak *Darm*
basın *Presse* **14**
basit *einfach*
baş *Kopf, Haupt-* **105**
başınız sağ olsun! *herzliches Beileid!* **109**
başka *ander-* **41**
başlıyor *fängt an* **101**
başörtü *Kopftuch*
batı *Westen*
bay *Herr* **29**
bayan *Frau, Dame* **29**
bayat *altbacken*
bayram *Feiertag* **66**
bazen *manchmal*
bazı *manche(r/s)*
becerikli *gewandt*
bedava *umsonst*
beden ölçüm *meine (Konfektions-)Größe*
bedesten *Antiquitätenbasar* **34**
beğenmek *mögen*
bekar *Junggeselle*
bekçi *Wächter* **56**
beklemek *warten* **105**
bel *Taille, Kreuz*
bela *Fluch*
belediye *Stadtverwaltung* **67;** **- reisi** *Bürgermeister*
beleşçi *Schnorrer*
belki *vielleicht*
ben *ich* **17**
bence *meines Erachtens*
benzer *ähnlich*
benzin istasyonu *Tankstelle* **60**
beraber *zusammen*
berber *Herrenfrisör*
bereket versin! *möge es Segen bringen!* **109**
beş *fünf* **17**

bey *Herr* **25; -efendi** *mein Herr* **29**
beyin *Hirn*
bez *Tuch, Lappen*
bezelye *Erbse*
bıçak *Messer*
bırakmak *lassen*
bıyık *Schnauzbart*
biberli *pfeffrig* **89**
bile bile *absichtlich*
bilet *Fahrschein* **61**
bilezik *Armband* **34**
bilimsel *wissenschaftlich*
bilmece *Rätsel*
bilmem *weiß nicht* **101**
binmek *einsteigen*
bir *eins* **17**
- daha *noch einmal;*
- dakika *einen Moment;*
- de *außerdem* **81**
- fincan kahvenin kırk yıl hatırı var *eine Tasse Kaffee ist noch nach 40 Jahren unvergessen* **40**
- sürü *eine ganze Menge;*
- şey *etwas;*
- şey değil *keine Ursache* **25;**
şey yok *nichts* **37**
birinci *erste(r/s)* **69**
Bismillah *im Namen Gottes* **94**
bit *Laus*
bitpazarı *Flohmarkt*
bitti *vorbei, zu Ende*
biz *wir* **21**
bodrum *Keller*
boğaz *Kehle, Hals*
Boğaziçi *Bosporus*
bok *Scheiße*
bol *reichlich*
borç *(Geld-)Schuld*
boş *leer* **57**
boş ver *sei's drum* **61**
boşanma *Scheidung*
boşuna *vergebens*
boya *Farbe* **40**
boyacı *Schuhputzer* **40**
boyun *Hals, Nacken*
bozdurmak *Geld wechseln* **49**
bozuk *kaputt*
bozuk para *Kleingeld* **45**
böbrek *Niere*
böcek *Insekt*
bölü *geteilt durch ...*
börek *salzige Pastete* **76**
bu *diese(r/s)* **45**
buçuk *halb* **38**
bugün *heute* **61**
buğday *Weizen*
bulgur *Weizenschrot* **74**
buluşmak *erfinden, sich treffen*
burç *Tierkreiszeichen*
burkuldu *verrenkt*
buruk *säuerlich, herb* **89**
burun *Nase*
buyurun! *bitte schön!* **25**
buz *Eis* **85**
büfe *Imbiß* **80**
bütün *sämtlich-*
büyücü *Zauberdoktor* **104**
büyük *groß* **45**
büyük aptes *Stuhlgang*

C

cadde *Straße*
cadı *Hexe*
cahil *ungebildet* **16**
cam *Glas, Scheibe*
cami *Moschee* **21**
canı sıkılmak *sich langweilen, ärgern* **97**
canım ... istiyor *ich habe Lust auf ...* **81**
canlı *lebendig*
casus *Spion*
cehennem *Hölle*
cenaze *Beerdigung*
cennet *Paradies*
cep *Tasche (in Kleidung)*
ceset *Leiche*
cesur *mutig*
cevap *Antwort*
ceviz *Walnuß*
ceza *Strafe*
Cezayir *Algerien*
cımbız *Pinzette*
cibinlik *Moskitonetz*
cici *niedlich*
ciddi *ernst*
cilt *Haut*
cimri *geizig*
cinayet *Verbrechen*
cins *Art, Rasse*
cinsel *sexuell*
civciv *Küken*
cömert *freigebig*
cuma *Freitag* **103**
cumartesi *Samstag* **103**
cumhurbaşkanı *Staatspräsident* **20**
cumhuriyet *Republik* **14**
cüce *Zwerg*
cümle *Satz*
cüzdan *Brieftasche*

Ç

çabuk *schnell*
çadır *Zelt*
çağdaş *zeitgenössisch*
çağırmak *rufen*
çağla *eßbares grünes Obst*
çakırkeyf *beschwipst*
çakmak *festnageln; Feuerzeug*
çalgı *Musikinstrument*
çalı *Busch*
çalışıyor *arbeitet* **101**
çalkalamak *rütteln, spülen, schlagen, worfeln*
çalmak *stehlen, musizieren*
çam *Kiefer, Föhren*
çamaşır *Wäsche*
çamur *Schlamm*
çan *Glocke*
çanta *Tasche*
çardak *Pergola*
çare *Abhilfe* **105**
çarpmak *stoßen*
çarşaf *Laken*
çarşamba *Mittwoch* **103**
çarşı *Bazar* **37**
çatal *Gabel*
çatlak *Riß*
çavdar *Roggen*
çay *Tee* **77**
- bahçesi *Teegarten* **52**
- danlık *Teekännchen*
çayır *Wiese*
çek *Scheck* **49**
çekici *anziehend*

çekirdek *Obstkern*
çekirge *Heuschrecke*
çekmek *ziehen*
çelişme *Widerspruch*
çene *Kinn*
çerçeve *Rahmen*
çeşitli *verschiedenartig*
çeşme *Brunnen* **96**
çete *Bande, Mafia*
çevirmek *wenden, übersetzen, umkippen*
çevre *Umgebung;*
- ci *Naturschützer*
çeyrek *Viertel-*
çıkış *Ausgang* **63**
çıkmak *herausgehen*
çıkmaz *Sackgasse*
çılgın *närrisch*
çınar *Platane*
çıplak *nackt*
çiçek *Blume*
çift *Doppel-, doppelt* **57**
çiğ *unreif, roh*
çiğnemek *kauen*
çiklet *Kaugummi*
çilek *Erdbeere*
çingene *Zigeuner*
çirkin *häßlich*
çiş *Pipi*
çit *Zaun*
çivi *Nagel*
çizgi *Linie*
çoban *Hirte*
çocuk *Kind*
çoğu zaman *meistens*
çok *sehr* **21,**
- şükür *Gott sei Dank;*
- yaşa! *Gesundheit!* **109**
- tan *schon lange*
çoluk çocuk *Kind und Kegel* **96**
çorap *Socken*
çorba *Suppe* **77**
çömlek *Töpferwaren* **36**
çöp *Müll*
çöpçatan *Heiratsvermittler*
çörek *Hefeküchlein* **76**
çözmek *lösen*
çukur *Grube*
çünkü *weil* **97**
çürümüş *verfault*

D

dağ *Berg* **101**
dağınık *unordentlich*
dağıtmak *verteilen*
daha *noch mehr, Komparativ* **45**
dahil *inbegriffen* **65**
daima *immer*
daire *Kreis, Amt, Appartement*
dakika *Minute* **57**
dal *Zweig*
dalga *Welle;*
- geçmek *sich lustig machen*
dalgın *in Gedanken*
dalmak *tauchen*
damak *Gaumen*
damar *Ader*
damat *Schwiegersohn*
damga *Stempel*
damla *Tropfen*
dana *Kalb*
danışma *Auskunft*
dar *eng*
darbe *Putsch*
dava *Prozeß*
davet etmek *einladen*
dayanıklı *stabil*
dayı *Bruder der Mutter*
dazlak *Skinhead*
de *und* **17**
-de, -da *in, an, bei* **26**
dede *Opa*
dedikodu *Klatsch*
defa *Mal*
defne *Lorbeer*
defol! *zieh Leine!*
defter *Heft*
değerli *wertvoll*
değil *ist/sind nicht* **37**
değişik *verschieden*
değiştirmek *ändern*
deli *verrückt*
delik *Loch*
delikanlı *Jüngling*
demek *sagen, bedeuten* **101**
demiryolu *Eisenbahnlinie*
demli *stark (Tee)*
-den, -dan *«von»* **57**
denemek *versuchen*
denge *Gleichgewicht*
deniz *Meer*
deprem *Erdbeben*
derece *Grad*
dergi *Zeitschrift*
deri *Leder* **49**
derin *tief*
derli toplu *ordentlich*
ders *Unterricht*
dert *Sorge*
destek *Unterstützung*
devam! *weiter!*
devamlı *ständig*
deve *Kamel*
devlet hastanesi *Staatskrankenhaus* **104**
devrim *Revolution*
dış hatlar *Auslandsflüge*
Dilce *Tigris*
dik *steil;*
- kafalı *halsstarrig, störrisch*
diken *Dorn, Stachel*
dikkat! *Achtung!*
dil *Sprache, Zunge* **15**
dilenci *Bettler*
din *Religion;*
- dar *fromm*
dinç *rüstig*
dinlemek *(zu-) hören*
denlenmek *ausruhen*
dip *Grund, Boden*
dirsek *Ellbogen*
diş *Zahn;*
- çi *Zahnarzt;*
- fırçası *Zahnbürste*
- macunu *Zahnpaste*
dişi *weibliches Tier*
diz *Knie*
doğal *natürlich*
doğdum *bin geboren*
doğru *richtig*
doğum *Geburt*
dokunmak *berühren*
dokuz *neun* **21**
dolap *Schrank* **62**
dolaşmak *spazierengehen*
doldurmak *füllen*
dolma *gefüllte Speisen*
dolmuş *Sammeltaxi*
dolu *voll, Hagel*
domuz *Schwein*

dondurma *Eiscreme* **81**
donmak *gefrieren*
dost *Freund*
doydum *bin gesättigt*
dökmek *ausleeren*
dökülmek *ausfallen*
döner *Dreh-*
dönmek *umkehren*
dört *vier* **17**
döşek *Matratze*
dövmek *hauen*
dua etmek *beten*
duble *etwa $^1/_4$ l Rakı* **84**
dudak *Lippe*
dul *verwitwet*
duman *Rauch*
durak *Haltestelle* **67**
durmak *anhalten*
durum *Lage, Zustand* **105**
dut *Maulbeere*
duvar *Wand*
duyarlı *sensibel*
duygu *Gefühl*
düdük *Pfeife*
düğme *Knopf*
düğüm *Knoten*
düğün *Hochzeit, Beschneidung*
dükkan *Laden* **25**
dün *gestern* **65**
dünya *Welt*
dürbün *Fernglas*
dürüst *anständig*
düşman *Feind*
düşmek *fallen*
düz *eben;*
- gün *korrekt*
düzeltmek *berichtigen*

E

-e kadar *bis* **65**
ebe *Hebamme* **104**
eczane *Apotheke* **104**
edebiyat *Literatur*
edepsiz *frech*
edilgen *passiv*
efendim? *wie bitte?*
efsane *Legende*
egzos *Auspuff*
Ege *Ägäis*
eğilmek *sich beugen*
eğitim *Ausbildung*
eğlence *Vergnügen* **109**
eğri *krumm*
ehliyet *Führerschein*
ekim *Oktober* **109**
eklemek *hinzufügen*
ekmek *Brot* **77**; *- säen*
eksi *minus*
eksik *Fehlen*
ekşi *sauer* **89**
el *Hand;*
- feneri *Taschenlampe;*
- işi *Handarbeit;*
- koymak *beschlagnahmen;*
- sıkışmak *die Hand geben*
elbette *gewiß*
elbise *Kleidung*
elçi *Botschafter*
elde temek *erlangen*
eldiven *Handschuh*
elek *Sieb*
-elim *wir wollen* **97**
eline sağlık! *möge Ihre Hand gesund bleiben!* **83**
ellerinizden öperim *ich küsse Ihnen die Hände* **20**
elverişli *ergiebig*
emanetçi *Gepäckaufbewahrung* **69**
emek *Mühe;*
-li *pensioniert*
emin *sicher* **105**
emmek *saugen*
emniyet *Sicherheit;*
- müdürlüğü *Polizeipräsidium*
emretmek *befehlen*
emzik *Schnuller*
en *bildet Superlativ*
enayi *dumm, einfältig*
endişeli *besorgt*
engel *Hindernis*
enginar *Artischocke*
enişte *Schwager* **20**
ense *Nacken;*
- yapmak *sich auf die faule Haut legen*
epey *ziemlich*
ergen *erwachsen*
erik *Pflaume* **89**
erimek *schmelzen*
erişte *Teigwaren*
erkek *Mann, männlich*
erken *früh*
ertelemek *verzögern*
ertesi gün *am nächsten Tag*
eser *Werk, Schöpfung*
esir etmek *gefangennehmen*
eski *alt (Dinge)* **41**
esmek *wehen*
esmer *dunkelbraun*
esnek *elastisch*
esnemek *gähnen*
esrar *Haschisch*
estağfurullah! *aber ich bitte Sie!*
eş *Gatte, Pendant*
eşek *Esel*
eşit *gleich (-berechtigt)*
eşoğlueşek *Eselssohn, Rindvieh*
eşsiz *unvergleichlich*
eşya *Sachen* **45**
et *Fleisch*
etek *Rock*
etken *aktiv*
etkilemek *beeinflussen*
etkili *wirksam*
ev *Haus* **25**
evcil *zahm*
evvelsi gün *vorgestern*
evet *ja* **17**
evli *verheiratet*
eylem *Aktivität*
eylül *September* **109**
eyvah *oje*
ezan *Ruf zum Gebet* **101**
ezberden *auswendig*
ezik *zerquetscht*
ezme *Brei*

F

fahişe *Prostituierte*
faiz *Zinsen*
fakat *aber* **65**
fakir *arm*
fala bakmak *prophezeien*
falan filan *und dergleichen*
far *Scheinwerfer*

fare *Maus*
fark *Unterschied*
farketmek *bemerken*
fasulye *Bohne*
fatura *Rechnung*
faydalı *nützlich*
fazla *mehr, zuviel*
felaket *Katastrophe*
felç *Lähmung*
felekten bir gün çalmak *dem Geschick einen Tag klauen* **96**
fen *Naturwissenschaft*
fena *schlecht* **85**
fıcı *Faß*
fıkra *Witz*
fındık *Haselnuß*
Fırat *Euphrat*
fırça *Bürste;*
- yedim *bin geschimpft worden*
fırın *Brotbäcker*
fırsat *Gelegenhelt*
fırtına *Sturm*
fısıldamak *zuflüstern*
fıstık *Pistazien, Erdnüsse;*
- gibi *proper, schnucklig*
fıtık *Leistenbruch*
fidan *Schößling*
fiil *Verb*
fikir *Idee, Meinung* **97**
fil *Elefant*
fincan *(Mokka-)Tasse*
fiş *Kassenbon, Stecker*
fiyat *Preis*
fok *Seehund*
fren *Bremse*

G

gaga *Schnabel*
galiba *wahrscheinlich*
gar *Bahnhof* **69**
garaj *Busbahnhof*
garagara etmek *gurgeln*
gariban *bedauernswert*
gavur *Ungläubige(r)*
gayet *ziemlich*
gayri resmi *inoffiziell*
gazete *Zeitung* **49**
gazı olmak *Blähungen haben*
gazino *Restaurant* **84**
geç *spät* **65;**
- kaldık *wir sind (zu) spät* **65**
gece *Nacht;*
-kondu *illegal gebaute Häuser*
geceleri *nachts* **65**
gecikmeli *verspätet* **69**
geçen *vergangene(s)* **101**
geçerli *gültig*
geçinmek *leben (finanziell)*
geçirmek *erleben*
geçmek *vorbeigehen*
geçmiş olsun! *gute Besserung!* **45**
geğirmek *aufstoßen*
gelecek *Zukunft*
gelenek *Tradition*
gelin *Braut*
gelir *Einkommen*
gellşmek *sich entwickeln*
geliyorsun *du kommst* **57**
gelmek *kommen* **97**
gemi *Schiff*
genç *jung*
genel *allgemein*
genelev *Bordell*
geniş *breit*
gerçekten *tatsächlich*
gerekli *erforderlich*
gergin *gespannt*
geri *Hinter-, zurück*
gerici *rückschrittlich*
getirir misin *würden Sie bitte bringen* **81**
geveze *geschwätzig*
gevşek *locker*
gezmek *spazieren, sich etwas ansehen* **97**
gıda *Lebensmittel*
gıdıklamak *kitzeln*
gırgır geçmek *tratschen, jemanden aufziehen*
gibi *wie* **41**
gider *Ausgaben*
gidiş dönüş *hin und zurück*
gidiyorsun *du gehst* **61**
-uz *Sie/ihr gehen/geht*
giriş *Eingang* **63**
girmek *eintreten*
gişe *Schalter* **61**
gitmek *gehen* **81**
giyinmek *sich anziehen*
gizlemek *verstecken*
gizli *heimlich*
göbek *Nabel, Bauch*
göç *Wanderung, Zug*
göğüs *Brust*
gök *Himmel*
gökkuşağı *Regenbogen*
göl *See*
gölge *Schatten*
gömlek *Hemd*
gömmek *begraben*
göndermek *schicken*
gönül *Seele, Gemüt*
gönüllü *freiwillig*
görev *Pflicht, Aufgabe*
görmek *sehen*
görünmek *aussehen*
görüşürüz! *bis bald!*
göt *Arsch*
götürmek *hinbringen*
gövde *Stamm, Rumpf*
göz *Auge;*
- kararı *Augenmaß*
-bebeği *Pupille, Augapfel*
-e çarpmak *auffallen*
gözleme *Schmalzkringel*
gözlük *Brille*
gözyaşı *Träne*
gurur Stolz
gübre *Dünger*
güçlü *kräftig*
güçlük çekmek *Schwierigkeiten haben*
gül *Rose*
güle güle! *Leb wohl!* **21** *- ... viel Spaß beim ...* **109**
gülmek *lachen*
gülünç *lächerlich*
gümrük *Zoll*
gümüş *Silber*
gün *Tag* **57**
günaydın *guten Tag* **17**
günah *Sünde*
günde bir *einmal täglich*
gündem *Tagesordnung*
gündüz *bei Tag* **69**
güneş *Sonne*
güreş *Ringkampf*
gürültü *Lärm*
güve *Motte*

güveç *Schmortopf*
güvenmek *vertrauen*
güvercin *Taube*
güzel *schön* **21**

H

haber *Nachricht*
hacı *Mekkapilger*
Hacivat *Figur aus dem Schattentheater*
haç *Kreuz (-zeichen)*
hafif *leicht*
hafta *Woche*
hak yemek *um Recht bringen*
hakaret *Beleidigung*
hakem *Schiedsrichter*
haketmek *verdienen*
hakkında *betreffend*
haklı *im Recht*
hal *Lage, Zustand*
hâlâ *noch immer*
hala *Tante* **20**
halı *Teppich* **37**
Haliç *Goldenes Horn*
halk *Volk*
halka *Ring*
halletmek *Schwierigkeiten beseitigen*
halsiz *schlapp*
ham *unreif (Obst)*
hamal *Träger*
hamam *Schwitzbad* **105**
hamile *schwanger*
hamsi *Sardellenart*
hamur *Teig*
hangi *welche(r/s)* **37**
hanım *Frau* **25***;*
- efendi *meine Dame, gnädige Frau* **29**
hap *Pille*
hapishane *Knast*
hapşırmak *niesen*
harabe *Ruine*
haram *verboten im Sinne des Koran* **75**
harcamak *ausgeben*
hardal *Senf*
hareket *Bewegung*
harf *Buchstaben*
hariç *außer*
harika! *toll!* **57**
harita *Landkarte*
hassas *empfindlich*
hasta *krank* **105**
hastane *Klinik*
haşlama *Siedfleisch*
hat *Verbindung, Linie*
hata *Fehler*
hatırlamak *erinnern*
hava *Wetter* **97***, Luft, Laune, Stimmung;*
- alanı *Flughafen* **69**
havale *Überweisung*
havan *Mörser*
havlu *Handtuch*
havuç *Möhre*
havuz *Schwimmbecken*
haya *Hoden*
hayal *Luftschloß*
hayalet *Phantom, Erscheinung*
hayat *Leben*
haydi! *auf geht's!* **21**
hayır *nein* **17**
hayırlı olsun! *Segen drauf!*
hayran kaldım *ich war voll der Bewunderung*
hayret! *erstaunlich!*
hayvan *Tier* **40**
hazır *bereit*
hazırlamak *vorbereiten*
hazine *Schatz*
haziran *Juni* **109**
hedef *Ziel*
hediye *Geschenk*
helal *erlaubt laut Koran*
helal olsun! *ist schon in Ordnung!* **109**
helva *Sesamsüßspeise* **80**
hem ... hem *sowohl als auch*
hemen *sofort* **77**
hemşeri *Landsmann*
hemşire *Kranken-schwester* **104**
henüz *bis jetzt*
hepimiz *wir alle*
hepsi *alle*
her *jede(r/s)* **37***;*
- şey *alles*
herif *Kerl*
hesap *Rechnung* **81**
heyecanlı *aufgeregt*
heykel *Statue, Plastik*
hıçkırmak *Schluckauf haben*
hırsız *Dieb*
hıyar *Gurke, Grobian*
hız *Geschwindigkeit*
hindi *Truthahn*
hissetmek *fühlen*
hoca *Lehrer, Geistlicher* **21**
horlamak *schnarchen*
horoz *Hahn*
hortum *Schlauch*
hoş *angenehm;*
- bulduk *stereotype Antwort auf: - geldiniz! willkommen!* **25**
hoşuna gitmek *gefallen*
hukuk *Rechtswesen*
hurma *Dattel*
huysuz *mürrisch*
huzur *Behagen*
hükümet *Regierung*

I

ılık *lau*
ırkçılık *Rassismus*
ırmak *Fluß*
ısınmak *warm werden*
ısırmak *beißen*
ıslak *naß*
ıslık çalmak *pfeifen*
ısmarlamak *bestellen*
ıspanak *Spinat*
ısrar etmek *beharren*
ışık *Licht*
ızgara *Grill* **85***;*
-lar *Gegrilltes* **85**

İ

iade *etwas zurückgeben*
ibne *schwul*
iç *Innere(s);*
- çamaşırları *Unterwäsche;*
- hatlar *Inlandsflüge* **69**
içgüdü *Instinkt*
için *für* **45**

içine kapanık *verschlossen*
içki *Alkoholika* **85**
içmek *trinken* **77**
içten *von Herzen*
idare etmek *hinkriegen*
idrar *Urin*
ifade etmek *aussagen*
iflas ettim *bin pleite*
iftira etmek *verleumden*
iğ *Spindel* **36**
iğde *Ölweide*
iğne *Nadel*
iğrenç *widerlich*
ihanet etmek *verraten*
ihbar etmek *denunzieren*
ihmal *Vernachlässigung*
ihracat *Export*
ihtimal *Möglichkeit*
ihtiyaç *Bedarf (-e/für)*
ihtiyar *alte(r/s)*
iki *zwei* **17**
ikiyüzlü *heuchlerisch*
ikiz *Zwillinge*
iklim *Klima*
ikna etmek *überzeugen*
ikram *etwas ausgeben* **40**
iktidar *Macht*
ilaç *Medikament* **104**
ile *zusammen mit* **61**
ileri *Vordergrund*
ilerici *fortschrittlich*
ilgilenmek *sich interessieren*
ilk *erste(r/s)*
ilkbahar *Frühling* **101**
ilkel *primitiv*
iltihap *Entzündung*
imam *Vorbeter* **100**
imdat! *Hilfe!*
imkansız *unmöglich*
imza *Unterschrift* **57**
inanç *Glaube*
inatçı *stur*
ince *dünn, zart*
incelemek *untersuchen*
inci *Perle*
İncil *Neues Testament*
incir *Feige* **89**
indirim *Preisnachlaß* **41**
inecek var! *will aussteigen!* **65**
inek *Kuh*
İngilizce *Englisch* **46**
inkar etmek *abstreiten*
inmek *aussteigen*
insan *Mensch* **106**
insancıl *menschlich*
inşaat *Baustelle*
inşallah *hoffentlich* **65**
intihar *Selbstmord*
intikam *Rache*
ip *Seil;*
-lik *Faden*
ipek *Seide* **34**
iptal etmek *stornieren*
iradeli *willensstark*
irin *Eiter*
irmik *Grieß*
ishal *Durchfall* **107**
isim *Name*
iskele *Anlegestelle*
ispat etmek *beweisen*
istasyon *Bahnhof*
istek *Wunsch*
istemek *mögen; wollen* **77**
istifa *Rücktritt*
istiridye *Auster*
isyan *Aufruhr*
iş *Arbeit;*
-çi *Arbeiter*
işaret *Zeichen*
işemek *urinieren*
işgal *Okkupation*
işitmek *hören*
işkembe *Kuttelfleck* **70**
işkence *Folter*
işlem *Formalität*
işletmek *betreiben*
iştah *Appetit*
it *Hund*
itfaiye *Feuerwehr*
ithalât *Import*
itibaren *von da an*
itiraf etmek *zugeben*
itiraz etmek *einwenden*
itmek *schieben*
iyi *gut* **17, 109;**
- akşamlar *guten Abend* **17;**
- yolculuklar *gute Reise* **61**
iyileşmek *genesen*
iyimser *optimistisch*
iz *Spur*
izlemek *verfolgen*

J

jeton *Telefonmünze* **101, 102**
jilet *Rasierklinge*

K

kaba *groß, derb*
kabak *Kürbis, Zucchini*
kabak kafa *Kahlkopf*
kabarmak *dick werden*
kabartma *Relief*
kabız *Verstopfung*
kabuk *Rinde, Schale*
kabul etmek *akzeptieren*
kaburga *Rippe*
kabus *Alptraum*
kaç *wieviel* **41;**
- yaşındasın? *wie alt bist du?*
kaçak *Schmuggel (-ware)*
kaçırmak *entführen*
kaçmak *fliehen*
kader *Schicksal*
kadın *Frau*
kafa *Kopf*
kafile *Reisegruppe*
kağıt *Papier* **62**
kahrolsun! *nieder mit ...!*
kahvaltı *Frühstück* **65, 77**
kahve *Kaffee* **81**
kahvehane *Teehaus* **95**
kahverengi *braun* **89**
kalabalık *turbulent* **65**
kalb *Herz*
kardırmak *aufheben*
kale *Burg*
kalem *Schreibstift*
kalın *fest, stabil*
kalıntı *Überbleibsel*
kalkıyor *startet* **61**
kalmadı *ist alle* **65**
kalmak *bleiben*
kalorifer *Heizung*
kamara *Schiffskabine*

kambur *Buckel*
kamuoyu *öffentliche Meinung*
kan *Blut*
kanad *Flügel*
kanca *Haken*
kandırmak *hereinlegen*
kanun *Gesetz*
kapak *Deckel*
kapalı *geschlossen* **37;**
- çarşı *Hauptbasar in Istanbul*
kapı *Tür* **25;**
-cı *Türvorsteher*
kaplıca *heiße Quelle*
kaplumbağa *Schildkröte*
kar *Schnee*
kara *Festland, schwarz*
karaborsa *Schwarzmarkt*
karaciğer *Leber*
Karadeniz *Schwarzes Meer*
Karagöz *türkischer Kasper* **16**
karakol *Polizeiwache*
karamsar *pessimistisch*
karanfil *Nelke*
karanlık *dunkel*
karar *Entscheidung*
karbüratör *Vergaser*
kardeş *Geschwister* **21**
kargaşa *Chaos*
karı *Ehefrau*
karıkoca *Ehepaar*
karın *Bauch, Unterleib* **77**
karışık *durcheinander* **81**
karnım aç *bin hungrig* **77**
karpuz *Wassermelone*
karşı *dagegen*
karşılamak *abholen*
karşılaştırmak *vergleichen*
karşılıklı *gegenseitig*
kas *Muskel*
kasap *Metzger*
kasım *November* **109**
kaş *Braue*
kaşık *Löffel*
kaşınmak *sich jucken*
kat *Etage, Schicht*
katı *hart (Ei)*
katılmak *teilnehmen*
katır *Maultier*
katil *Mörder*
kavak *Pappel*
kavga *Streit*
kavşak *Verkehrskreuzung*
kavun *Zuckermelone* **41**
kavurma *kalter Braten*
kaya *Fels*
kayak *Skier*
kaybetmek *verlieren*
kaygan *glatt*
kaygı *Sorge*
kayık *Bootsart*
kayıp *verloren*
kayısı *Aprikose*
kayıt *Anmeldung*
kaymak *halbfester Rahm* **76**
kaymak *ausrutschen*
kaynak *Quelle*
kaynamak *kochen, sieden*
kaynana *Schwiegermutter*
kaynata *Schwiegervater*
kaz *Gans*
kaza *Unfall*
kazak *Pullover*
kazanmak *siegen, verdienen*
kazık *Nepp* **49**
kazmak *ausgraben*
kebap *Grillfleisch* **80**
keçi *Ziege*
kekik *Thymian*
kelebek *Schmetterling*
kelime *Wort*
keman *Violine*
kemer *Gürtel*
kemik *Knochen*
kenar *Rand*
kendi *selbst*
kendiliğinden *von selbst*
kene *Zecke*
kere *Mal*
kereviz *Sellerie*
keselenmek *frottiert werden*
kesin *bestimmt*
keskin *scharf (Messer)*
kesmek *schneiden*
keşif *Entdeckung*
keten *Leinen*
keyif *Wohlbehagen* **74**
kıç *Hinterteil*
kıl *(Körper-)Haar*
kılçık *Gräte*
kına *Henna*
kırgın *gekränkt*
kırmak *zerbrechen*
kırmızı *rot* **89**
kırtasiye *Schreibwaren*
kısa *kurz*
kısım *Teil*
kıskançlık *Eifersucht*
kısmen *teilweise*
kısmet *Vorausbestimmung*
kış *Winter* **101**
kıvırcık *gelockt*
kıyma *Hackfleisch* **81**
kıymetli *wertvoll*
kız *Mädchen, Tochter* **21**
kızartmak *braten*
kızgın *wütend, erregt*
Kızılay *Roter Halbmond*
kızkardeş *Schwester*
kızmak *sich ärgern*
kibar *vornehm, höflich*
kibrit *Streichholz*
kilim *Flachgewebe* **41**
kilise *Kirche*
kilit *(Tür-)Schloß*
kilo almak *zunehmen*
kilo vermek *abnehmen*
kim? *wer?*
- o? *wer da?*
kimisi *manche(r/s)*
kimlik *Identität (-sausweis)*
kimse *jemand* **105**
kira *Miete*
kirli *schmutzig*
kişi *Person 61*
kişilik *Persönlichkeit*
kitap *Buch* **49**
kocaman *riesengroß*
koç *Widder*
koku *Geruch*
kol *Arm*
kolay *leicht;*
- gelsin! *leichtes Schaffen!* **109**
kolonya *Kölnisch Wasser*
koltuk *Sessel*
komşu *Nachbar*
konu *Thema*

konuksever *gastfreundlich*
konuşmak *sprechen*
koparmak *abbrechen*
korkmak *sich fürchten*
korkuluk *Geländer*
korkunç *schrecklich*
korumak *schützen*
koşmak *rennen*
koy *Bucht*
koymak *setzen, stellen, legen*
koyu *dunkel* **87**
koyun *Schaf*
köfte *Fleischkloß*
kök *Wurzel*
kömür *Kohle*
köpek *Hund*
köprü *Brücke*
köpük *Schaum*
kör *blind, stumpf*
köşe *Ecke*
kötü *schlecht*
köy *Dorf;*
-lü *Bauer*
kriko *Wagenheber*
kucak *Schoß*
kucaklamak *umarmen*
kuduz *Tollwut*
kukumav *Steinkauz*
kule *Turm*
kullanmak *verwenden*
kumarhane *Spielcasino*
kumaş *Stoff* **49**
kumru *Turteltaube*
kumsal *Sandstrand*
kurbağa *Frosch*
Kurban Bayramı *Opferfest* **66**
kurmak *errichten*
kurnaz *pfiffig*
kurşun kalem *Bleistift*
kurt *Wolf, Wurm*
kurtarmak *retten*
kuru *trocken*
kuruş *türk. Pfennig* **36**
kuruyemiş *Dörrobst, Nüsse*
kusmak *sich übergeben*
kusura bakma! *verzeih!*
kuş *Vogel*
kuşbaşı *kleine Fleischstücke*
kutlarım! *Glückwunsch!*
kutsal *heilig*
kutu *Schachtel*
kuvvetli *kräftig*
kuyruk *Schwanz*
kuyu *Brunnen*
kuyumcu *Goldschmied* **37**
kuzey *Norden*
kuzu *Lamm*
küçük *klein*
küçültmek *verkleinern*
küf *Schimmelpilz*
küfretmek *fluchen*
kül tablası *Aschenbecher*
küpe *Ohrring*
kürek *Schaufel*
kürtaj *Abtreibung*
kütüphane *Bibliothek*

L

laf *seichtes Gerede*
lahana *Kohl*
lahmacun *türkische Pizza*
lale *Tulpe*
lanet *Fluch*
lastik *Autoreifen*
lavaş *hauchdünnes Brot* **74**
layık *würdig*
layiklik *Laizismus*
lâzım *brauchen, nötig* **45**
leblebi *geröstete Kichererbsen* **84**
leğen *Waschschüssel*
leke *Fleck*
leş gibi kokuyor *stinkt ganz fürchterlich*
levha *Schild*
leylek *Storch*
lezzetli *köstlich* **85**
liman *Hafen* **61**
Lira *türkische Währung* **36**
lodos *Südwestwind*
lojman *Staatswohnung*
lokanta *Lokal* **80**
lokma *Bissen, Happen*
lokum *Süßigkeit aus Stärke*
lüfer *Blaufisch*
lütfen! *bitte!* **29**
lüzumsuz *unnötig*

M

maalesef *leider* **45**
maaş *Gehaltszahlung*
macera *Abenteuer*
madde *Materie*
maden *Mineral*
mağara *Höhle*
mahalle *Stadtviertel* **35**
mahcup *beschämt*
mahkeme *Gericht*
mahvoldum *bin völlig fertig*
makara *Garn*
makarna *Nudeln*
makas *Schere*
makbuz *Quittung*
makyaj *Schminken*
mal *Ware* **45;**
- sahibi *Eigentümer*
malzeme *Material*
manastır *Kloster*
manav *Obst-, Gemüsehöker*
mandal *Wäscheklammer*
manevi *ideell*
mangal *Holzkohlenbecken*
mantar *Pilz, Korken*
mantı *türkische Ravioli*
mantık *Logik, Verstand*
manto *Damenmantel*
manzara *Aussicht*
marangoz *Schreiner*
market *Supermarkt* **35**
mart *März* **109**
martı *Möwe*
masa *Tisch*
masal *Märchen*
maşallah! *alle Wetter!* **37**
maskara *unterhaltsam, lustig*
masraf *Ausgaben*
mavi *blau* **89;**
- boncuk *Talısman: blaue Perlen* **104**
mavi tren *Schnellzug* **60**
maya *Hefe*
maydanoz *Petersilie*
mayhoş *süßsauer, abgekühlt*
mayıs *Mai* **109**

maymun *Affe*
mayo *Badekleidung*
mecburen *gezwungenermaßen*
meclis *Parlament*
medeniyet *Zivilisation*
medrese *islamische Schule*
Mehmetçik *Kosename für den türkischen Soldaten*
mektup *Brief*
melek *Engel*
meme *weibliche Brust*
memleket *Land, Heimat* **21**
memnun oldum! *angenehm!* **17**
memur *Beamter* **29**
mendebur *Nichtsnutz*
mendil *Taschentuch*
meraklı *neugierig*
mercimek *Linsen*
merdiven *Treppe*
merhaba *guten Tag!* **17**
merhem *Salbe*
merkez *Zentrum;*
- bankası *Zentralbank* **36**
mesafe *Entfernung*
mescit *kleine Moschee* **101**
mesela *zum Beispiel*
mesele *Angelegenheit*
meslek *Beruf*
meşgul *beschäftigt, belegt*
meşhur *berühmt*
meşrubat *nichtalkoholische Getränke*
meteliksiz *pleite*
mevcut *vorhanden*
mevsim *Jahreszeit*
meyankökü *Lakritze*
meydan *großer Platz*
meyhane *Kneipe* **84**
meyva *Obst*
mezarlık *Friedhof*
meze *Vorspeise* **84**
mezhep *Konfession*
mezun *Absolvent(in)*
Mısır *Ägypten*
mısır *Mais*
mızmız *Nörgler, Miesmacher*
mi *Fragepartikel* **17**
mide *Magen* **105;**
-m bulanıyor *mir ist übel* **107**
midye *Miesmuschel* **84**
mihrap *Gebetsnische* **101**
miktar *Betrag*
millet *Nation, Leute*
milletvekili *Abgeordneter*
milli piyango *Lotterie*
mimar *Architekt*
mimber *Kanzel* **101**
minare *Minarett* **101**
minder *Sitzkissen*
miras *Erbe*
mis gibi *wohlduftend* **41**
misafir *Gast*
miyop *kurzsichtig*
mizah *Humor*
mola *Rast* **65**
mor *lila* **89**
moralım bozuldu *bin ganz niedergeschlagen* **107**
motosiklet *Motorrad*
muavin *Busbegleiter*
muayene *Untersuchung*
mucize *Wunder*
muhabbet *Zuneigung*
muhalefet *Opposition*
muhallebici *Spezialist für Kaltschalen* **76**
muhasebe *Buchführung*
muhtar *Ortsvorsteher*
mum *Kerze*
muska *Talisman* **104**
musluk *(Wasser-)Hahn*
muşmula *Mispelfrucht* **89**
mutfak *Küche* **56**
mutlaka *auf jeden Fall*
mutlu *glücklich*
muz *Banane* **89**
muzır *jugendgefährdend*
mücadele *Kampf*
müdür *Direktor*
mühendis *Ingenieur*
müjde *gute Nachricht*
mükemmel *hervorragend*
mülteci *Flüchtling*
mümkün *möglich*
mürekkep *Tinte*
müsade ederseniz *wenn Sie gestatten*
müşteri *Kunde*
müthiş *wahnsinnig (toll)*

N

nabız *Puls*
nakış *Stickerei* **34**
nakliyat *Transport*
nalbur *Eisenwaren*
namaz *Pflichtgebet* **105**
namus *Ehrenhaftigkeit*
nane *Pfefferminze*
nankör *undankbar*
nar *Granatapfel*
nargile *Wasserpfeife*
nasıl *wie* **17;**
- isterseniz *wie Sie möchten* **85**
nasılsın? *wie geht es?* **17**
nasır *Hornhaut*
nazar *böser Blick* **104**
nazik *zart, höflich*
ne *was;*
- gezer! *von wegen!;*
- haber? *was gibt es Neues?;*
- kadar? *wieviel?* **37;**
- var - yok *wie steht's?;*
- yapalım? *was sollen wir tun?* **45;**
- zaman? *wann?* **61**
neden *weshalb, warum?* **56**
nefes almak *(auf-) atmen*
nefesim kesildi *mir verschlug's die Sprache*
nefis *köstlich*
nefret etmek *hassen (-den)*
nehir *Fluß*
nemli *feucht, klamm*
nerede? *wo?* **25**
nereli? *woher stammend?*
neresinden? *woher von dort?* **21**
nereye? *wohin?* **21**
nesil *Generation*
neşeli *fröhlich*
net *klar, scharf*
neyle? *womit?* **61**
nezle *Erkältung, Schnupfen*
niçin *warum*
nihayet *schließlich*
nikah *Trauung*

nine *Oma* **20**
nisan *April* **109**
nişanlı *verlobt*
niye? *warum?*
niyet *Absicht*
nohut *Kichererbse*
noksan *Mangel*
nokta *Punkt*
not *Vermerk, Mitteilung*
nöbetçi *(Wach-) Posten*
nöbetim tuttu *ich hatte einen Anfall*
numaralı bilet *Platzkarte* **64**
nüfus *Einwohner (-schaft)*
nüfuzlu *einflußreich*

O

o *er, sie, es* **49**;
- kadar *nur so viel;*
- zaman *dann*
obur *Vielfraß*
ocak *Januar* **109**, *Herd*
oda *Zimmer* **57**
odun *Brennholz*
oğlan *Junge*
oh olsun! *Ätsch!*
ok *Pfeil*
Okey *Brettspiel* **94**
oklava *Nudelholz*
okşamak *streicheln*
okul *Schule*
okumak *lesen, lernen* **97**
okumuş *gebildet*
okuryazar *Nicht-Analphabet*
olağanüstü *außergewöhnlich*
olan oldu *nicht zu ändern*
olay *Ereignis*
oldubittiye getirmek *vor vollendete Tatsachen stellen*
oldukça *ziemlich*
olgun *reif*
olmaz *ist nicht möglich* **41**
olsun *soll sein* **41**
olta *Angel*
olur *ist möglich*
omurga *Wirbelsäule*
omuz *Schulter*
on *zehn* **21**
onaylamak *bestätigen*
orada *dort* **37**
oralet *Brause* **95**
ordu *Heer*
orman *Wald*
orospu *Hure*
orta *Mitte* **82**
ortadirek *Mittelstand*
ortak *Teilhaber*
ortalama *durchschnittlich*
ortam *Milieu, Atmosphäre*
oruç *Fasten* **75**
osumak *furzen*
ot *Gras, Kraut*
otogar *Busbahnhof* **61**
oturmak *wohnen, sitzen*
ova *Ebene*
oy *Wählerstimme*
oya *Häkelspitze*
oyalamak *ablenken*
oyalanmak *sich zerstreuen*
oynamak *spielen*
oysa *aber, und doch*
oyun *Spiel, Tanz;*
-bozan *Spielverderber*

Ö

öbür *ander-;*
-gün *übermorgen*
ödemek *bezahlen*
ödev *Hausaufgabe*
ödünç almak *ausleihen*
öfkeli *zornig*
öğle *Nachmittag*
öğrenci *Schüler, Student*
öğretmen *Lehrer*
öğüt *Ratschlag*
öksürmek *husten*
öküz *Ochse*
ölçmek *messen*
öldürmek *töten*
ölmek *sterben*
ölü *Toter,*
-m *Tod*
ömür *Leben (-sdauer)*
ön *Vorder-*
önce *vorher, bevor*
önemli *wichtig*
önlemek *verhindern*
önsezi *Vorahnung*
öpmek *küssen*
öpücük *Küßchen* **105**
ördek *Ente*
örf ve adet *Sitte und Brauch*
örmek *stricken*
örnek *Beispiel, Muster*
örtmek *bedecken*
örümcek *Spinne*
öte *jenseits von*
ötmek *zwitschern*
övmek *loben*
övünmek *stolz sein (-le/auf)*
öyle *so, tatsächlich* **25**
öz Türkçe *reines Türkisch* **15**
özel *besonders, privat*
özenli *sorgfältig*
özet *Zusammenfassung*
özgür *frei*
özlemek *sich sehnen*
özür dilerim *Entschuldigung!*
özürlü *behindert*

P

paça *Hammelhaxe* **76**
pahalı *teuer*
palavra *Geschwätz*
palto *dicker Mantel*
palyaço *Clown*
pamuk *Baumwolle*
panayır *Kirmes, Messe*
pancar *Rübe*
pansuman *Verbandszeug*
pantolon *Hose*
papatya *Kamille*
papaz *Priester*
para *Geld* **45**
parça *Teil, Stück*
parçalamak *zerstückeln*
parlak *glänzend*
parmak *Finger, Zehe*
paslanmak *rosten*
paspas *Fußabstreifer*
pasta *Kuchen* **80, 76**

pastırma *türkisches Dörrfleisch*
patika *Ziegenpfad*
patlamak *platzen*
patlıcan *Aubergine*
pay *Anteil*
paydos *Feierabend*
paylamak *ausschelten*
pazarlık *Feilschen* **40**
pazartesi günü *montags* **101**
peçeli *verschleiert*
peçete *Serviette*
pehlivan *Ringer*
pek *sehr*
peki! *in Ordnung!* **41**
pekmez *eingekochter Most*
pembe *rosa*
pencere *Fenster*
perde *Vorhang*
peri *gute Fee*
peron *Bahnsteig* **69**
perşembe *Donnerstag* **103**
pes etmek *aufgeben, passen*
pestil *Aprikosen-, Maulbeerenspeck*
peşin *im voraus*
peştamal *Lendenschurz* **34**
petek *Bienenwabe*
peynir *Weißkäse* **81**
pezevenk *Zuhälter, Saukerl*
pınar *große Quelle*
pırasa *Porree*
piç *Bastard*
pide *gefüllter Fladen* **80**
pikap *Plattenspieler*
pil *Batterie*
pilav *Reis-, Bulgurgericht*
piliç *Hühnchen*
pipo *Pfeife* **80**
pire *Floh*
pirinç *Reis* **62**
pirzola *Kotelett* **85**
pis *schmutzig, fies*
pişirmek *kochen*
pişman *reumütig*
pişmiş *gar, gekocht*
piyaz *Saubohnensalat*
plak *Schallplatte*
plaka *Nummernschild*
poğaça *Mürbeteigpastete* **76**
portakal *Orange* **41**
postacı *Briefträger*
priz *Steckdose*
PTT *Post* **101**
pul *Briefmarke*
puro *Zigarre*
put *Götzenbild*
pürüzlü *rauh, uneben*

R

radyatör *Heizkörper*
raf *Regal*
rafadan *weich (Ei)* **76**
rağmen *zum Trotz (-e)*
rahat *angenehm, bequem* **65**
rahatsız etmek *stören*
rahibe *Nonne*
rahip *Mönch*
rahmetli *selig (tot)*
rakam *Ziffer*
rakı *Anisschnaps* **84**
rakım *Höhe über dem Meeresspiegel*
rakip *Konkurrent*
ramazan *Fastenmonat* **66**
randevu *Termin* **105**
raptiye *Reißzwecke*
raskele *auf gut Glück*
razı *zufrieden (-e/mit)*
reçel *Marmelade*
reçete *(Koch-, Arzt-) Rezept*
reddetmek *zurückweisen*
rehber *Reiseleiter*
rehine *Geisel*
rekabet etmek *rivalisieren*
rende *Reibe*
renk *Farbe;*
-li *bunt*
resim *Bild;*
- çekmek *knipsen*
resmi *offiziell*
rica etmek *bitten*
ruh *Seele, Gespenst*
Rum *türkischer Grieche*
rüşvet *Bestechung*
rüya *Traum*
rüzgar *Wind*

S

saat *Uhr, Zeit* **65**
saat kaç? *wie spät ist es?*
sabah *Morgen* **65**
sabahları *morgens* **65**
sabır *Geduld*
sabit *fest, fix*
sabun *Seife* **57**
saç *Kopfhaar*
saçma sapan *Unsinn*
sade *ohne etwas, pur* **82**
sadece *nur*
sadık *treu*
saf *unvermischt, naiv*
safra *Galle*
sağ *rechts, am Leben*
sağ ol/unuz *danke dir/Ihnen*
sağduyu *gesunder Menschenverstand*
sağır *taub*
sağlam *stabil, fest*
sağlığına *Prosit!* **89**
sağlık ocağı *Krankenstation*
sağlık olsun! *Hauptsache gesund! (tröstl. Ausspruch)*
sahaflar *Antiquare* **14**
sahici *echt, wirklich*
sahil *Strand*
sahip *Besitzer*
sahne *Bühne*
sahte *gefälscht*
sakal *(Kinn-, Backen-) Bart*
sakat *versehrt, schlecht*
sakin *ruhig* **97**
saklamak *verstecken*
saksı *Blumentopf*
salak *Trottel*
salça *Tomaten-, Paprikamark*
saldırgan *aggressiv*
saldırmak *angreifen*
salep *Heißgetränk aus Knabenkrautknolle und Milch*
salı *Dienstag* **103**
sallamak *schaukeln*
samimi *herzlich*

sana ne? *was geht es dich an?*
sanat *Kunst*
sanayı çarşısı *Industriegebiet* **60**
sandalye *Stuhl*
sandık *Truhe, Kiste*
sanık *Angeklagter*
sanmak *glauben*
sap *Stiel*
sapık *Wüstling*
saplamak *hineinstoßen*
sapmak *abbiegen*
sararmak *erblassen*
sargı bezi *Verband*
sarhoş *betrunken* **84**
sarı *gelb*
sarılmak *umarmen, winden*
sarmak *einwickeln*
sarmısak *Knoblauch*
satılık *zu verkaufen*
satış *Verkauf (-spreis)* **39**
satmak *verkaufen*
satranç *Schach*
savaş *Krieg*
savunmak *verteidigen*
saydam *durchsichtig*
sayfa *(Buch-)Seite*
saygı *Respekt*
sayın *geehrt (Briefkopf)*
saymak *zählen*
saz *Langhalslaute, Schilf*
sebep *Ursache*
sebze *Gemüse*
seçim *Wahl*
sedef *Perlmutt*
sedir *Polsterbank*
sefer *Mal, Fahrt*
sekiz *acht* **21**
selâmlamak *begrüßen*
selâmünaleyküm *Friede mit euch* **21**
selvi *Zypresse*
semaver *Samowar* **96**
semt *Stadtteil* **35**
sen *du;*
-ce *nach deiner Meinung;*
-inki *deinig-*
sene *Jahr* **101**
senli benli *per du*
sepet *Korb*
serbest *frei*
sergi *Ausstellung*
serin *kühl*
sersem *benommen*
serseri *Vagabund*
sert *hart*
ses *Laut, Stimme, Klang*
sesi kımak *leiser stellen*
seslenmek *laut rufen*
sevap *gute Tat*
sevgili *Geliebte(r)*
sevici *lesbisch*
sevimli *liebenswert*
sevinç *Freude*
sevmek *lieben, mögen* **81**
sevmem *mag ich nicht* **81**
seyahat *Reise*
seyirci *Zuschauer*
seyrek *rar, spärlich*
seyretmek *zuschauen*
sıcak *heiß* **77**
sıçmak *scheißen*
sıfır *Null* **17**
sıhhat *Gesundheit* **109**
sık sık *oft*
sıkı *eng, streng*
sıkı fıkı *intim, vertraut*
sıkıntı *Streß, Ärger* **56**
sıkıntılı *drückend, schwül*
sıkma *Gepreßtes (Obst)* **80**
sınav *Prüfung*
sınıf *Klasse* **69**
sınır *Grenze*
sır *Geheimnis*
sıra *Reihe;*
-dan *gewöhnlich;*
-dışı *aus der Reihe;*
-yla *der Reihe nach*
sırf *nur*
sırt *Rücken*
sıtma *Malaria* **104**
sıvı *flüssig*
sıyrık *abgeschürft*
sigara *Zigarette* **80;**
- içmeyenler *Nichtraucher* **64**
sigorta *(Ver-) Sicherung*
siktir! *Zieh Leine!*
silah *Waffe*
silkelemek *ausschütteln*
silmek *wischen*
simit *Sesamkringel* **76**
sindirmek *verdauen*
sinek *Fliege*
sini *Eßtablett* **75**
sinir *Nerven* **105**
sipariş *Bestellung*
sirke *Essig*
sis *Nebel*
sivilce *Pickel*
sivri *spitz*
sivri sinek *Stechmücke*
siyah *schwarz* **89**
siz *Sie, ihr* **17;**
- de görün *Antwort auf «Gesundheit!»* **109**
soba *Ofen*
sofra *gedeckter Tisch*
sofu *bigott*
soğan *Zwiebel*
soğuk *kalt*
sohbet *Gespräch*
sokak *Straße, Gasse*
sokmak *hineinstecken*
sol *links;*
-ak *Linkshänder*
solgun *blaß*
somut *konkret*
son *Ende*
sonbahar *Herbst* **101**
sonra *danach, später* **61**
sonuç *Ergebnis*
sorgu *Verhör*
sormak *fragen*
sorumlu *verantwortlich*
soyadı *Nachname*
soygun *Raub*
soymak *schälen*
soyunmak *sich ausziehen*
soyut *abstrakt*
sökmek *demonstrieren*
sömürge *Kolonie*
söndürmek *löschen*
sönmek *ausgehen (Feuer)*
söylemek *sagen*
söylenti *Gerücht*
söz verdim/tuttum *habe es versprochen/gehalten*
sözcük *Wort*
sözde *angeblich*
sözlük *Wörterbuch*

sporcu *Sportler*
staj *Lehre*
su *Wasser* **85;**
- böreği *Nudelauflauf*
sucuk *Wurst*
suçlu *schuldig*
suçüstü *in flagranti*
sugeçirmez *wasserfest*
suikast *Attentat*
sulamak *gießen*
sulu *wäßrig, albern;*
- yemek *Essen mit Soße* **80**
suni *künstlich*
sur *Stadtmauer*
surat *Gesichtsausdruck*
suratsız *mürrisch*
susadım *bin durstig*
susmak *schweigen*
sülük *Blutegel*
sümük *Schleim*
sünger *Schwamm*
sünnetli *beschnitten*
süpürge *Besen*
süpürmek *kehren*
süre *Dauer*
sürekli *dauernd*
sürer *dauert* **65**
sürü *Herde*
süs *Schmuck;*
-lü püslü *aufgedonnert*
süt *Milch* **82**
sütlaç *Milchreis*
sütun *Säule*
sütyen *Büstenhalter*
süzmek *sieben*

Ş

şadırvan *Waschungsbrunnen b. Moschee* **101**
şafak *Dämmerung*
şahane *fürstlich*
şahin *Bussard*
şahit *Zeuge*
şahsi *persönlich*
şahsiyet *Persönlichkeit*
şair *Dichter*
şaka *Scherz*
şakırdamak *klatschen, rasseln*
şal *Schal, Kaschmirstoff*
şakak *Schläfe*
şalvar *Pumphose*
Şam *Damaskus*
şamfıstığı *Pistazie*
şans *Glück, Chance*
şantaj *Erpressung*
şapka *Hut*
şarap *Wein* **85**
şarkı *Lied*
şarküteri *Feinkostladen*
şart *Bedingung*
şaşırmak *sich wundern*
şeftali *Pfirsich* **89**
şehir *Stadt*
şehit *Märtyrer*
şehriye *Suppennudeln*
şehvet *Wollust*
şeker *Zucker* **82**
Şeker Bayramı *Zuckerfest*
şelale *Wasserfall*
şemsiye *Schirm*
şenlik *Volksfest*
şeref *Ehre;*
-e! *Prost!* **85**
şeriat *islamisches Gesetz*
şeyh *Stammes-, Ordenschef*
şeytan *Teufel* **24;**
- kulağına kurşun! *toi, toi, toi!*
şımarık *vorlaut, eitel*
şiddet *Gewalt*
şikayet *Beschwerde*
şimdi *jetzt* **101**
şimdilik *für jetzt*
şimşek *Blitz*
şirin *hübsch*
şirket *Firma*
şirret *zänkisch*
şiş *Spieß, Stricknadel*
şişe *Flasche*
şişirmek *anschwellen lassen*
şişman *dick*
şişmiş *geschwollen*
şofben *Boiler*
şöyle böyle *so lala, leidlich* **17**
şu *diese(r/s)* **49**
şubat *Februar*
şube *Zweigstelle*
şüphe *Zweifel*

T

taahütlü *Einschreiben*
tabak *Teller*
taban *Boden, Sohle*
tabanca *Pistole*
tabela *Schild*
tabiat *Natur*
tabii *natürlich, aber ja!*
tabure *Hocker*
tabut *Sarg*
tahammül etmek *ausharren*
tahin *Sesampaste*
tahlil *Analyse*
tahmin etmek *vermuten*
tahrik etmek *aufwiegeln*
tahta *Holz, Brett*
tahta kurusu *Wanze*
takı *angesteckter Schmuck*
takılmak *hänseln, stolpern, hängenbleiben (-e/an)*
takım *Set*
takip etmek *verfolgen*
taklit *Nachahmung*
takmak *befestigen*
taksitle *ratenweise*
takvim *Kalender*
tam *ganz;*
- vaktinde *genau rechtzeitig*
tamam *okay, fertig* **97**
tamamen *vollständig*
tamirci *Reparatur* **60**
tane *Stück* **41**
tanıdık *Bekannte(r)*
tanımak *kennen*
tanışmak *sich kennenlernen*
tanrı *Gott;*
-ça *Göttin*
tansiyon *Blutdruck*
tapınak *Tempel*
taraf *Seite, Richtung* **105**
tarafsız *neutral*
tarak *Kamm*
tarçın *Zimt*
tarhana *alttürk. Instantsuppe aus Joghurt u. Mehl*

tarif etmek *beschreiben*

tarife *Fahrplan*

tarih *Historie, Datum*

tarla *Acker*

tartışmak *diskutieren*

tartmak *wiegen*

Tarzanca *«Tarzanisch», holpriges Türkisch* **46**

tasarruf etmek *sparen*

tasavvuf *islamische Mystik*

tasma *Halsband (Tiere)*

taş *Stein*

taşımak *tragen*

taşınmak *umziehen*

taşmak *überkochen, -treten*

tat *Geschmack (Speisen)*

tatil *Ferien* **101**

tatlı *süß, Süßspeise* **81**

tava *Pfanne* **76**

tavan *Zimmerdecke*

tavan arası *Mansarde*

tavır *Verhalten*

tavla *Backgammon* **97**

tavsiye *Ratschlag*

tavşan *Hase*

tavuk *Huhn*

taze *frisch* **77**

tebrik etmek *gratulieren*

tecavüz *Vergewaltigung*

tecrübeli *erfahren*

tehdit etmek *bedrohen*

tehlikeli *gefährlich*

tek *Einzel-* **57**

teker teker *einzeln*

tekerlek *Rad*

teklif *Vorschlag*

tekme *Fußtritt*

tekne *Trog, Wasserfahrzeug*

tekrarlamak *wiederholen*

tel *Draht;*

- kadayıf *gebackene Fadennudeln;*

- çekmek *telegraphieren*

telaffuz *Aussprache*

telaş *Hektik*

telsiz *per Funk*

temas *Kontakt*

tembel *faul*

temin etmek *beschaffen*

temiz *sauber*

temmuz *Juli* **109**

temsilci *Vertreter*

ten *Haut (-beschaffenheit)*

tencere *Topf*

teneke *Kanister*

tepe *Hügel*

tepki *Reaktion*

tepsi *Tablett*

ter *Schweiß;*

-lik *Pantoffel*

terazi *Waage*

terbiyeli *wohlerzogen; Sauce aus Eigelb und Zitrone*

tercih etmek *vorziehen*

tercüman *Dolmetscher*

tereddüt etmek *zaudern*

tereyağ *Butter*

terketmek *verlassen*

terminal *Busbahnhof* **64**

tersine *im Gegenteil*

terzi *Schneider*

tesadüfen *zufällig*

teselli etmek *trösten*

teslim etmek *ausliefern*

tespih *Gebetskette*

tespit etmek *feststellen*

testere *Säge*

teşekkür ederim *danke* **17**

teyze *Tante* **21**

tezek *Dungbrennziegel*

tezgah *Theke, Werktisch*

tıkanmış *verstopft*

tıp *Medizin, Heilkunde*

tıraş *rasieren*

tırmanmak *hinaufklettern*

tırnak *Finger-, Fußnagel*

ticaret *Handel*

tiftik *Mohair*

tiryaki *passionierter Raucher, Trinker etc.*

titiz *pünktlich, pedantisch*

titremek *zittern*

tohum *Samen*

tok *satt* **77**

tokat *Ohrfeige*

tombul *drall*

top *Ball, Kugel*

topal *hinkend, lahm*

toparlamak *aufräumen*

toplam *insgesamt* **45**

toplantı *Versammlung*

toplum *Gesellschaft*

toprak *Erde*

toptan *en gros* **40**

topuk *Ferse*

torba *Tüte, Beutel* **45**

tornavida *Schraubenzieher*

torun *Enkel*

toz *Staub, Heroin*

trafik *Verkehr (-spolizei)*

tren *Zug* **61**

tuğla *Ziegel*

tuhaf *merkwürdig*

tulum *Tierbalg, Dudelsack*

turizm *Tourismus* **56**

turp *Rettich*

turşu *Pickles* **80**

tutarlı *konsequent*

tutkulu *leidenschaftlich*

tutmak *halten, greifen*

tutucu *konservativ*

tutuk *verklemmt*

tutuklanmak *verhaftet werden*

tuvalet *Toilette* **85**

tuz *Salz* **89**

tuzak *Falle*

tüfek *Gewehr*

tükenmiş *aufgebraucht*

tükürük *Speichel*

tüp *Gasflasche*

tür *Art;*

-lü *allerlei*

türbe *Mausoleum* **101**

Türk *Türk (elin), türkisch* **45;**

- Dil Kurumu *Gesellschaft für türkische Sprache* **14;**

- malı *Made in Turkey;*

-çe *Türkisch;*

-iye *Türkei* **25**

türkü *anonymes Volkslied*

tütün *Tabak*

tüy *Feder*

U

ucuz *billig* **37**

uç *Spitze, Anfangspunkt*

uçak *Flugzeug* **61**

ufak *klein*

uğramak *vorbeischauen*

uğraşmak *sich bemühen*
uluslararası *international*
umumi *öffentlich*
umut etmek *hoffen*
un *Mehl*
unutmak *vergessen*
uslu *brav*
usta *Meister*
utanmak *sich schämen*
uyandırmak *aufwecken*
uygun *angemessen*
uyku *Schlaf*
uyuşturucu *Beruhigungsmittel, Rauschgift*
uyuşuk *gefühllos, betäubt*
uzak *weit* **61**
uzman *Fachmann*
uzun *lang*

Ü

ücret *Lohn, Gebühr* **85**
üç *drei* **17;**
-gen *dreieckig*
üflemek *blasen*
ülke *Land*
ünlü *berühmt*
ürün *Erzeugnis*
üst *Ober-;*
-ün *überlegen*
üşenmek *zu faul sein, um ...*
üşümek *frieren*
üşütmek *sich erkälten*
ütülemek *bügeln*
üye *Mitglied*
üzgün *traurig*
üzüm *Trauben*

V

vadeli *befristet*
vahşi *wild*
vakıf *Stiftung*
vakit *Zeit*
valiz *Reisetasche, -koffer*
vapur *Dampfer*
var *es gibt, ist vorhanden* **37**
var olmak *existieren*
varış *Ankunft*
vatan *Vaterland*
vatandaş *Landsmann, -frau*
vazgeçmek *ablassen (-den/von)*
ve *und;*
-ya *oder*
vedalaşmak *sich verabschieden*
vergi *Steuer*
verimli *ergiebig*
vermek *geben*
vezne *Kasse*
vicdan *Gewissen*
vişne *Sauerkirsch*
vites *Gang (-schaltung)*
vurmak *schlagen, schießen*
vücut *Körper*

Y

ya *und wie steht's mit ...* **17**
yabancı *fremd, Ausländer* **45**
yağ *Öl, Fett*
yağmur *Regen*
yakalamak *fangen*
yakın *nahe*
yakışıklı *gutaussehend*
yakmak *anzünden*
yalamak *lecken*
yalan *Lüge*
yalnız *nur, allein* **101**
yamaç *Böschung*
yan *Seite;*
-ak *Wange*
yandım! *bin erledigt!* **85**
yanında *daneben*
yanlış *falsch*
yanmak *brennen*
yapışmak *kleben*
yapmak *machen, tun* **97**
yaprak *Blatt* **84**
yara *Wunde*
yaralı *nützlich*
yaratmak *erschaffen*
yardım etmek *helfen* **104**
yargıç *Richter*
yarım *halb* **38**
yarın *morgen* **65**
yarışma *Wettkampf*
yasak *verboten* **105**
yastık *Kissen*
yatak *Bett* **57;**
-lı vagon *Schlafwagen* **69**
yatırmak *einzahlen*
yatmak *sich hinlegen*
yavaş *langsam*
yavru *junges Tier*
yaya *zu Fuß* **61**
yaygın *verbreitet*
yayla *Alm*
yaz *Sommer* **101**
yazık *schade* **41**
yazma *bedruckte Stoffe* **34**
yazmak *schreiben*
yedek *Ersatz, Warteliste* **69**
yedi *sieben* **21**
yemek *Essen* **81;**
-li vagon *Speisewagen* **69**
yemin etmek *schwören*
yenge *Schwägerin*
yeni *neu* **37**
yenilmek *besiegt werden*
yer *Ort* **61**
yeşil *grün* **89**
yetenek *Begabung*
yeter *genügt* **41**
yıkanmak *sich waschen*
yıl *Jahr*
yılan *Schlange*
yıldırım *Blitz*
yıldız *Stern*
yine *wieder*
yoğun *dicht*
yok *es gibt nicht* **37**
yoksa *wenn nicht, sonst*
yoksul *arm*
yol *Weg;*
-culuk *Reise* **61**
yorgan *Steppdecke*
yorgun *müde*
yön *Richtung*
yukarı *oberer Teil*
yumurta *Ei*
yumuşak *weich*
Yunanistan *Griechenland*
yutmak *schlucken*
yuva *Nest*
yuvarlak *rund*
yük *Gewicht*

yüksek *hoch*
yün *Wolle* **49**
yürek *Herz*
yürümek *gehen*
yüz *hundert; Gesicht* **85**
yüzmek *schwimmen*
yüzsüz *unverschämt* **85**
yüzük *Schmuckring*

Z

zafer *Sieg*
zahmet *Mühe*
zaman *Zeit*
zanaatçı *Handwerker*
zannedersem *ich glaube, ...*
zarar *Schaden, Verlust*
zarf *Umschlag*
zaten *sowieso*
zavallı *bedauerlich*
zayıf *schwach, mager*
zehir *Gift*
zeki *klug*
zengin *reich*
zevk *ästhetischer Sinn*
zeytin *Olive;*
-yağlılar *kalte Olivenspeisen* **74**
zil *(Tür-)Glocke*
ziraat *Landwirtschaft*
ziyaret etmek *besuchen*
zor *schwierig*
zorlamak *zwingen*
zurna *türkische Oboe*
zührevi hastalıkları *Geschlechtskrankheiten*

Bildnachweis

I. Keribar 4,14 · **N. Cakir** 34 · **F. Akbas** 54 · **M. Ünal** 74 · **N. Timuroglu** 94
Fotoarchiv Mehmet Ünal · 55128 Mainz · Keilmannstraße 21

SOS

Das Allerwichtigste für alle Fälle

Achtung:
Aussprache und Betonung siehe Seite 12

ja	*evet*
nein	*hayır*
danke	*teşekkür ederim*
bitte	*lütfen*
guten Tag (modern)	*merhaba*
guten Tag (traditionelles Milieu)	*selâmünaleyküm*
guten Tag (Antwort)	*aleykümselâm*
auf Wiedersehen (gehend)	*Allaha ısmarladık*
auf Wiedersehen (bleibend)	*güle güle*
ich habe es nicht verstanden	*anlamadım*
ich spreche kein Türkisch	*Türkçe bilmiyorum*
sprechen Sie Deutsch?	*Almanca biliyor musunuz?*
sprechen Sie Englisch?	*İngilizce biliyor musunuz?*

wo?	*nerede?*
wann?	*ne zaman?*
was?	*ne?*

wer?	*kim?*
um wieviel Uhr?	*saat kaçta?*
wie?	*nasıl?*
wieviel kostet das?	*ne kadar?, kaç para?*
gestern	*dün*
heute	*bugün*
morgen	*yarın*

das Deutsche Konsulat	*Alman Konsolosluğu*
Polizei	*polis*
Unfall	*kaza*
Feuer	*yangın*
Diebstahl	*hırsızlık*

Arzt	*doktor*
krank	*hasta*
Krankenhaus	*hastane*

Bahnhof	*tren istasyonu, gar*
Flughafen	*hava alanı, hava limanı*
Bus	*otobüs*
Busbahnhof	*terminal, otogar*
Sammeltaxi	*dolmuş*

Hotel	*otel*
Zimmer	*oda*

Geld	*para*
Bank	*banka*
ich möchte Geld wechseln	*para bozdurmak istiyorum*
teuer	*pahalı*
billig	*ucuz*

haben Sie ...?	*... var mı?*
ich brauche ...	*... lâzım*
ich möchte ...	*... istiyorum*
geben Sie mir bitte ...	*... verir misiniz*
ich habe kein Geld	*param yok*
darf ich fotografieren?	*resim çekebilir miyim?*
langsam	*yavaş*

Englisch

Englisch von Anfang an. Ein Sprachkurs zur wichtigsten Weltsprache, nach dem Alltag, orientiert am britischen und amerikanischen Sprachgebrauch.

U. Kreisel / P. A. Tabbert
English One *Englisch reden und verstehen. Ein Grundkurs*
(rororo sachbuch 9180)
English One *Toncassette*
(rororo sachbuch 9181)

Gunther Bischoff
Speak you English?
Programmierte Übung zum Verlernen typisch deutscher Englischfehler
(rororo sachbuch 6857)
Better Times *Ein leichtes Programm zum richtigen Gebrauch der englischen Zeiten*
(rororo sachbuch 7987)
Managing Manager English
Gekonnt verhandeln lernen durch Üben an Fallstudien.
(rororo sachbuch 7129)

René Bosewitz / Robert Kleinschroth
Joke by joke to Conversation
Sprechsituationen mit Witz gemeistert
(rororo sachbuch 8797)
Joke your Way through English Grammar *Wichtige Regeln zum Anlachen*
(rororo sachbuch 8527)

Hartmut Breitkreuz /René Bosewitz
Do up your Phrasals *500 Wendungen wichtiger Verben*
(rororo sachbuch 8344)
Getting on Top of Idiomatic Verbs
Tausend Wendungen im Kontext
(rororo sachbuch 8523)

Hartmut Breitkreuz
More False Friends *Tückische Fallen des deutsch-englischen Wortschatzes*
(rororo sachbuch 9172)
False Friends *Stolpersteine des deutsch-englischen Wortschatzes*
(rororo sachbuch 8492)

Ernest Pasakarnis
Grammar Questions from A - Z
Everything you always wanted to know about Grammar but were afraid to ask
(rororo sachbuch 8491)
Master your Idioms *Der Schlüssel zu englischen Redewendungen*
(rororo sachbuch 8491)
The Word Lover^s Guide to How Words Work *Ein moderner Vokabeltrainer*
(rororo sachbuch 8426)
Those Pesky Prepositions! *Der heikle Umgang mit Präpositionen*
(rororo sachbuch 8785)

Emer O'Sullivan / Dietmar Rösler
Modern Talking *Englisches Quasselbuch mit Sprüchen und Widersprüchen*
(rororo sachbuch 8427)

rororo sprachen

Spanisch und Italienisch

Ein Sprachkurs von Anfang an. Der Zugang zu Spanien und Lateinamerika.

Christof Kehr / Ana Rodríguez Lebrón
Español Uno *Spanisch reden und verstehen. Ein Grundkurs*
(rororo sachbuch 8793)
Español Uno *Toncassette*
(rororo sachbuch 8794)

Español Dos *Spanisch reden und verstehen. Ein Aufbaukurs*
(rororo sachbuch 8845)
Español Dos *Toncassette*
(rororo sachbuch 8846)

Die Sprachbücher von *Senzaparole* stützen sich auf die lebendigen Erfahrungen aus dem Sprachunterricht. Anhand von Dialogen, Gesprächen und Erzählungen lernen Sie den italienischen Alltag kennen:

Senzaparole
Partire per l'Italia
Italienischkurs für Anfänger
(rororo sachbuch 8795)
Partire per l'Italia *Toncassette*
(rororo sachbuch 8796)

Finalmente in Italia
Italienischkurs für wenig und weiter Fortgeschrittene
(rororo sachbuch 8471)
Finalmente in Italia *Toncassette*
(rororo sachbuch 8472)

Jutta J. Eckes / Franco A. M. Belgiorno
Italiano Uno *Italienisch reden und verstehen. Ein Grundkurs*
(rororo sachbuch 9144)
Italiano Uno *Toncassette*
(rororo sachbuch 9145)

rororo sprachen

Mario Parisi / Liborio Pepi
Palavare Italiano? *Typirsch deutsches italienisch und wie man es verbessert*
(rororo sachbuch 9178)
Parole Espresse *Italienisches Quasselbuch mit Sprüchen und Widersprüchen*
(rororo sachbuch 8434)

rororo sprachen wird herausgegeben von Ludwig Moos. Ein Gesamtverzeichnis der Reihe finden Sie in der *Rowohlt Revue*. Jedes Vierteljahr neu. Kostenlos. In Ihrer Buchhandlung.

Französisch

Französisch von Anfang an. Ein Sprachkurs nah an der Umgangssprache und dem französischen Alltag.

Armelle Damblemont / Petra Preßmar
Français Un *Französisch reden und verstehen. Ein Grundkurs*
(rororo sachbuch 9106)

Français Un *Toncassette Zum Auffrischen, Vertiefen und Ergänzen für mehr oder minder Sprachgewandte*
(rororo sachbuch 9107)

Claire Bretécher / Isabelle Jue/ Nicole Zimmermannn
Le Français avec les Frustrés *Ein Comic-Sprachhelfer*
(rororo sachbuch 8423)
Plus de Français avec les Frustrés *Ein Comic-Srachhelfer*
(rororo sachbuch 8539)

Ahmed Haddedou
Questions grammaticales de A à Z *Tout ce que vous avez toujours voulu savoir sur la grammaire sans jamais oser le demander*
(rororo sachbuch 8445)

Robert Kleinschroth
La Conversation en s'amusant *Sprechsituationen mit Witz gemeistert*
(rororo sachbuch 8873)

Robert Kleinschroth / Dieter Maupel
La Grammaire en s'amusant *Wichige Regeln zum Anlachen*
(rororo sachbuch 8714)

rororo sprachen

Marie-Thérèse Pignolo / Hans-Georg Heuber
Ne mâche pas tes mots *Nimm kein Blatt vor den Mund! Französische Redewendungen und ihre deutschen Pendants*
(rororo sachbuch 7472)

Jacques Soussan
Pouvez-vous Français? *Programm zum Verlernen typisch deutscher Französischfehler*
(rororo sachbuch 6940)

rororo sprachen wird herausgegeben von Ludwig Moos. Das Gesamtverzeichnis der Reihe finden Sie in der *Rowohlt Revue*. Jedes Vierteljahr neu. Kostenlos in Ihrer

Literatur für KopfHörer

Wer nicht lesen will, kann hören - eine Auswahl von Rowohlt's Hörcassetten:

Simone de Beauvoir
Eine gebrochene Frau
Erika Pluhar liest
2 Toncassetten im Schuber
(66012)

Wolfgang Borchert
Erzählungen
Marius Müller-Westernhagen liest
Die Hundeblume. Nachts schlafen die Ratten noch. Die Küchenuhr. Schischyphusch
1 Toncassette im Schuber
(66011)

Albert Camus
Der Fremde
Bruno Ganz liest
3 Toncassetten im Schuber
(66024)

Truman Capote
Frühstück bei Tiffany
Ingrid Andree liest
3 Toncassetten im Schuber
(66023)

Roald Dahl
Küßchen, Küßchen!
Eva Mattes liest
Die Wirtin. Der Weg zum Himmel. Mrs. Bixby und der Mantel des Obersten
1 Toncassette im Schuber
(66001)

Louise Erdrich
Liebeszauber
Elisabeth Trissenaar liest
Die größten Angler der Welt
2 Toncassetten im Schuber
(66013)

Elke Heidenreich
Kolonien der Liebe
Elke Heidenreich liest
1 Toncassette im Schuber
(66030)

Jean-Paul Sartre
Die Kindheit des Chefs
Christian Brückner liest
3 Toncassetten im Schuber
(66014)

Henry Miller
Lachen, Liebe, Nächte
Hans Michael Rehberg liest
Astrologisches Frikassee
2 Toncassetten im Schuber
(66010)

Vladimir Nabokov
Der Zauberer
Armin Müller-Stahl liest
2 Toncassetten im Schuber
(66005)

Kurt Tucholsky
Schloß Gripsholm
Uwe Friedrichsen liest
4 Toncassetten im Schuber
(66006)

rororo Toncassetten werden produziert von Bernd Liebner. Ein Gesamtverzeichnis der Reihe finden Sie in der *Rowohlt Revue*. Jedes Vierteljahr neu. Kostenlos in Ihrer Buchhandlung.

rororo

3298/1

Romane und Erzählungen

Barbara Taylor Bradford
Bewahrt den Traum *Roman*
(rororo 12794 und als gebundene Ausgabe im Wunderlich Verlag)
Eine bewegende Familiensaga: die Erfolgsautorin erzählt mit Charme und Einfühlungsvermögen vor allem die Geschichte zweier Frauen, die sich ihren Platz in einer männlichen Welt erkämpfen.
Und greifen nach den Sternen
Roman
(rororo 13064)
Wer Liebe sät *Roman*
(rororo 12865 und als gebundene Ausgabe im Wunderlich Verlag)

Barbara Chase-Riboud
Die Frau aus Virginia *Roman*
(rororo 5574)
Die mitreißende Liebesgeschichte des amerikanischen Präsidenten Thomas Jefferson und der schönen Mulattin Sally Hemings.

Marga Berck
Sommer in Lesmona
(rororo 1818)
Diese Briefe der Jahrhundertwende, geschrieben von einem jungen Mädchen aus reichem Hanseatenhaus, fügen sich zusammen zu einem meisterhaften Roman zum unerschöpflichen Thema erste Liebe.

Diane Pearson
Der Sommer der Barschinskys
Roman
(rororo 12540)
Die Erfolgsautorin von «Csárdás» hat mit diesem Roman wieder eines jener seltenen Bücher geschrieben, die eigentlich keine letzte Seite haben dürften.

rororo Unterhaltung

Dorothy Dunnett
Die Farben des Reichtums
Der Aufstieg des Hauses Niccolò. Roman
656 Seiten. Gebunden im Wunderlich Verlag und als rororo 12855
«Spionagethriller, Liebesgeschichte, spannendes Lehrbuch (wie lebten die Menschen vor 500 Jahren?) - einer der schönsten historischen Romane seit langem.» *Brigitte*
Der Frühling des Widders
Die Machtentfaltung des Hauseses Niccolò. Roman
640 Seiten. Gebunden im Wunderlich Verlag
Das Spiel der Skorpione
Niccolò und der Kampf um Zypern. Roman
784 Seiten. Gebunden im Wunderlich Verlag

Marti Leimbach
Wen die Götter lieben *Roman*
272 Seiten. Gebunden im Wunderlich Verlag und als rororo 13000
Das Buch zum Film «Entscheidung aus Liebe». Die Geschichte von Hilary und Viktor.

3287/2